ABRAHAM STORY

당신과 함께 나누고 싶은 특별한 이야기들:
아브라함 편

당신과 함께 나누고 싶은
특별한 이야기들: 아브라함 편

초판 1쇄 발행 2021년 5월 15일

지은이 | 안지영

발행인 | 이요섭
편집 디자인 | 새한기획
제　작 | 이인애
영　업 | 김승훈, 이대성, 정준용

펴낸곳 | 요단출판사
등　록 | 1973. 8. 23. 제13-10호
주　소 | 07238) 서울특별시 영등포구 국회대로 76길 10
기획문의 | (02) 2643-7390
영업문의 | (02) 2643-7290
　　　　　Fax (02) 2643-1877
구입문의 | 요단기독교서적 교회용품센터 02-593-8715~8
　　　　　대전침례회서관 042-255-5322

ⓒ 요단출판사 2021

값 13,000원
ISBN 978-89-350-1880-2　03230

이 책의 한국어판 저작권은 요단출판사가 소유하고 있습니다.
출판사의 사전 승인 없이 책의 내용이나 표지 등을 복제, 인용할 수 없습니다.

성경 속 인물과 함께 하는 묵상집

당신과 함께 나누고 싶은
특별한 이야기들:
아브라함 편

안지영 지음

추·천·사

목회의 양이 아니라 질을 붙들고
씨름하는 모든 목자들에게

안지영 목사님은 젊은 정신의 사람입니다.
대학시절 IVF에서 훈련된 그리스도의 제자가 된 까닭입니다.
그후 그는 성경번역 선교사로 파푸아 뉴기니 정글의 삶을 살았습니다.
그리고 성경을 그들의 언어로 옮겨 말씀을 선물로 제공했습니다.
그는 이 과정에서 말씀을 붙들고 사는 말씀의 사람이 되었습니다.
그는 선교 정신으로 다시 신학을 연구한 후 목회에 도전했습니다.
자녀들을 포함한 온 가족이 함께 예배하는 공동체를 꿈꾸었습니다.
쉽지 않은 해외 이민 목회의 장에서 진정한 영적 성숙에 도전했습니다.
그리고 가족 중심의 변화를 경험하는 교회 공동체를 세우고자 했습니다.
그의 성경적 실험정신은 그의 말씀 묵상에서 비롯된 것으로 보입니다.
오늘 그가 펴내는 구약 아브라함 이야기는 자신의 이야기입니다.
아니 그와 함께 믿음의 여정을 떠나는 우리 모두의 이야기입니다.
성경이 정말 우리를 변화시킬 수 있는 지를 묻는 모든 이들에게
목회의 양이 아니라 질을 붙들고 씨름하는 모든 목자들에게
그리고 진정한 영의 공동체를 꿈꾸는 모든 이들에게 추천하고픈 책입니다.
당신과 함께 나누는 안지영 목사의 이야기 안에서
우리는 한국교회의 미래 이야기를 발견하게 될 기대를 갖습니다.
포스트 코로나의 목회 비전을 붙들게 되기를 기도합니다.
밭에 감추인 보석을 찾아내는 기쁨으로 이 책을 천거합니다.
그의 진지한 도전 정신을 지켜본 증인으로 이 책을 천거합니다.

동역자, **이동원 목사**
(지구촌 목회리더십센터 대표)

추·천·사

친절한 성경이야기,
깊이 있는 묵상

말씀을 묵상한다는 것은 이야기에 초대되고 동화되고 그 성경적 배경과 상황 속으로 들어가 지금의 자신을 들여다보고 지금도 동일한 방식으로 인생을 구원하시고 인도하시는 하나님을 만나는 일입니다. 이번에 출간된 안지영 목사님의 《당신과 함께 나누고 싶은 특별한 이야기 - 아브라함 편》은 성경을 어려워하는 이들에게 친절하고 따뜻하며 이해하기 쉬운 성경 이야기로 들려주고 있습니다.

이 묵상집은 여타 설교집이나 묵상집과는 사뭇 다른 편집 형태를 가지고 있습니다. 그야말로 저자 중심의 일방적 진술이 아니라 독자를 자신의 이야기 방에 초청하고 목청을 높이지 않고 조분조분 이야기를 들려주고 있습니다. 먼저 독자가 궁금해 하고 관심을 가질 만한 '주제'를 제시하고, 그에 관련된 성경 본문을 함께 읽고 저자의 친절한 해설과 묵상이 이어지는데 성경적 배경과 이야기를 들려주듯 차분하고 일상적인 언어로 들려주고 있습니다.

저자의 표현대로 믿음은 하나님에 대해 얼마나 알고 있느냐에 달려있지 않고 믿음은 자기가 만난 하나님의 지시를 따라 순종하는 데 있음을 이 묵상집을 통해 깨닫게 됩니다. 비록 자기의 필요를 채우기 위해서 움직였다 하더라도 믿음은 거기에서부터 출발하는 경우가 많다는 것을 격려하면서 일깨워주는 참 친절하고도 따뜻한 묵상집입니다.

신앙훈련을 위한 '소그룹 교재'로는 물론, 성도 개인이 일정한 주기로 묵상하고 나눈다면 부담 없이 성경을 이해하고 그 깨달음을 내면화시킴으로서 이 땅에서 하나님 나라를 살 수 있는 친절한 인도자가 될 것입니다. 많은 성도들의 믿음생활에 도움이 될 것으로 확신하며 적극적으로 추천하는 바입니다.

유성준 목사
(한국서번트리더십훈련원 대표)

추·천·사

삶의 여정 속에서 실제로
경험하고 있는 이야기

아브라함은 교회를 다니지 않는 사람들도 알 정도로 성경에서 가장 널리 알려진 인물이요, 많은 목회자의 설교에 등장하는 인물이기도 하다. 이같이 잘 알려진 인물에 대한 또 하나의 책이 나왔는데, 책 제목도 '아브라함에 관한 이야기'다. 그런데 이 책은 아브라함에 관한 다른 책과 다르다. 우선, 이 책은 어려운 신학 용어가 일단 없고 그저 술술 읽을 수 있는 책이다. 저자인 안지영 목사 특유의 편안한 문장으로 일상에서 접할 수 있는 -그래서 더욱 공감이 가는- 내용들로 가득하다. 그러나 이 책은 아브라함의 인생 과정을 읽으며 자연스레 마음속에 품게 되는 질문들로 화두를 던지기 시작한다. 십일조의 진정한 의미는 무엇인가? 믿음으로 의롭게 된다는 말의 의미는 무엇인가? 아브라함과 하나님의 약속은 왜 중요한가? 이랬다저랬다 헷갈리는 주님의 뜻을 어떻게 알 수 있는가? 소돔과 고모라 이야기는 동성애에 관한 이야기인가? 선민의식은 또 다른 차별 아닌가? 이삭을 바치려고 한 아브라함의 믿음은 과연 현실성이 있는가?

쌓여가는 많은 질문에 하나씩 답을 하다 보면 아브라함의 이야기는 우리 모두가 삶의 여정 속에서 실제로 경험하고 있는 이야기라는 것을 어느새 깨닫게 된다. 결국 아브라함은 믿음의 영웅으로 그저 바라만 보고 있어야 하는 대상이 아니라, 오늘도 고민하고 의심하고 부르짖는 바로 나 자신이라는 것을 깨닫게 될 때, 아브라함의 하나님이 나의 하나님이 되는 은혜를 경험하게 된다. 이 책은 바로 그런 책이다.

박성진 교수
(미드웨스턴 침례신학교 학장, 구약학 교수)

추·천·사

**쉽게 끓여낸 인스턴트 식품이 아니라,
오랜 시간 정성들여 고아낸 슬로우 푸드 같은 묵상**

누군가의 말을 들을 때, 우리는 그 사람의 살아온 삶에 대해 생각하게 된다. 그 삶의 궤적을 알 때, 그의 말은 깊은 감동이 되기도 하고 공허한 말장난이 되기도 한다. 저자를 내가 처음 접한 것은 캠퍼스 기독학생 모임에서 파푸아 뉴기니의 성경 번역 선교사로 일하던 저자를 위해 기도하면서였다. 그의 사역은 현지에 말씀을 번역해 남길 뿐 아니라, 그들이 복음을 직접 증거하는 주인이 되게 만드는 사역이었다.

번역 사역을 마친 후에 저자는 교회를 개척하여 달라스에 정착했는데, 마침 달라스에 살던 우리 가족들을 방문할 때마다 만나 대화를 나누고 생각을 더 많이 알게 될 기회가 있었다. 껍데기가 아니라 본질을 붙들고 사역하고 살고 계신 분임을 거듭 확인하는 시간들이었다. 이 모든 인연을 통해 접한 저자의 삶과 추구하는 가치와 지향점들을 알고 읽으니, 이 책은 귀한 울림이 되었다. 쉽게 끓여낸 인스턴트 식품이 아니라, 오랜 시간 정성들여 고아낸 슬로우 푸드 같은 묵상이었다. 삶과 신앙의 본질을 밝히고, 왜곡된 신앙으로 오해하며 살았던 하나님에 대한 바른 이해를 돕고 자기 삶에 불필요하게 갖고 있었던 강박이나 불안도 내려놓을 수 있는 좋은 길잡이라 생각한다. 나를 알고 하나님을 알아가는 것이 삶의 성숙이기에, 이 책은 성숙을 위한 훌륭한 안내서가 될 것이다.

김종호 목사
(IFES 동아시아 부총무)

들어가기 전에

아브라함은 나의 인생 속으로 어느날 불쑥 찾아 들어온 인물입니다. 하나님을 믿는다고는 하지만 여전히 불신의 불씨가 꺼지지 않은 때였습니다. 고약한 불씨는 시뻘건 혀를 내밀며 나를 태워버릴 듯 내 영혼을 흔들어 놓곤 했습니다. 도무지 안식을 얻을 수가 없었고, 끝이 보이지 않는 터널을 지나듯 지쳐가고 있을 그 때, 나를 찾아온 손님이 바로 아브라함이었습니다.

그 때 나는 위클리프(WBT) 소속으로 파푸아뉴기니에 파송된 선교사였습니다. 선교사라면 남다른 믿음을 가진 헌신된 사람이어야 겠으나, 나는 그러질 못했습니다. 물론 주변 사람들 중 그 누구도 나의 '믿음'을 의심하지 않았지요. 도리어 선교사로 '헌신'한 일을 두고 고개를 끄덕이며 대단하다 여겼답니다. 나의 믿음과 헌신이 그만큼 확실해 보였기 때문이지요. 누구라서 길도 닦이지 않은 마을, 수도가 없고 전기도 들지 않은 저 오지의 숲속 마을로 선뜻 나설 수 있을까요. 아직 철도 들지 않은 어린아이들까지 데리고 말입니다. 열대병이 독감보다 더 흔한 그 땅으로 두말없이 떠나는 것—그런 헌신이란 보기에도 쉬운 게 아닐 겁니다. 그러니 내가 그 선택을 했을 때 주변에서 얼마나 대단하게 여겼을까요.

나의 그 잘난 헌신이 허물어지는 건 오래 걸리지 않았습니다. 선교 현지에 도착하자마자 흔들려 버렸습니다. 실은 내가 가졌던 믿음의 정체가 통째로 흔들린 것입니다. 대단한 믿음인 줄 알았으나, 실은 하나님을 향한 신뢰에 금이 간 믿음이었다는 걸 알게 되었답니다. 하나님의 존재에 대한 믿음에는 흔들림이 없었으나, 그 하나님을 따르는 내 삶의 언저리에는 믿음이 보이지 않았습니다. 마치 열탕과 냉탕을 오가듯 믿음이 흔들렸고, 흔들리는 믿음만큼 나의 삶은 혼미했습니다.

그 혼미한 믿음/인생의 시절에 아브라함이 손님처럼 찾아왔습니다. 아브라함을 다시 알게 되었고, 그를 통하여 하나님을 다시 알게 되었던 겁니다. 그리고 아브라함의 인생 이야기를 접하면서, 내가 누구를 바라보고 있는지, 내가 어떤 길을 가고 있는지를 비로소 깨닫게 되었습니다. 아브라함은 이제 나에게 더 이상 손님이 아닙니다. 신앙의 선배가 되었습니다. 돌이켜보면, 선교지에서 보낸 나의 삶은 성경을 번역(translating)하는 일보다 내 자신이 새롭게 변화(transforming)하는 삶이었다 할 수 있습니다. 그래서 선교지는 나에게 사역 장소(working field)가 아니라 인생 훈련장(training field of life)이었다고 할 수 있습니다. 내 인생이 뒤집어지고, 다져지고, 다시 살아난 곳이니 말입니다.

지금부터 나는 지난날 내 인생 속으로 뛰어 들어와 지금껏 함께 지내온 신앙의 선배, 아브라함에 대해 이야기하려 합니다. 그것은 아브라함을 내 인생의 의미있는 신앙의 선배로 보내신 하나님의 이야기이기도 하니까요. 그가 살아가면서 겪었던 특별한 이야기를 당신에게 꼭 들려주고 싶습니다.

차례

추천사 ······ 4

들어가기 전에 ······ 8

Day 01	찾아오시는 하나님(창 12:1-3)	13
Day 02	우리의 속사정을 아시는 하나님(창 12:4-20)	19
Day 03	믿음의 성숙은 속성반이 없다(창 13:1-18)	27
Day 04	눈이 있으면 봐야 하는데(창세기 13:1-18)	34
Day 05	새로운 차원의 신앙으로(창 14:1-24)	41
Day 06	하나님의 주권을 고백하는 헌금(창 14:1-24)	48
Day 07	믿으면 의로워지는가?(창 15:1-6)	54
Day 08	설득하시는 하나님(창 15:7-21)	65
Day 09	하나님의 뜻을 파악하지 못하는 이유(창 16:1-5)	73
Day 10	이랬다 저랬다 헷갈리는 주님의 뜻 알기(창 16:6-16)	83
Day 11	예상을 뛰어넘으신 하나님의 의도(창 17:1-22)	91
Day 12	믿음의 표징을 요구하시는 하나님(창 17:9-25)	101
Day 13	나그네를 섬기는 마음(창 18:1-8)	108
Day 14	약속을 이뤄가시는 하나님(창 18:9-15)	114

Day 15	성공의 기준?(창 18:17-19)	123
Day 16	소돔과 고모라의 죄(창 18:20-33)	133
Day 17	나그네를 핍박하는 소돔 성 사람들(창 19:1-11)	147
Day 18	세속에 물들어 버린 의인(창 19:12-38)	153
Day 19	다시는 하지 말아야 할 짓을 또 저지른 자(창 20:1-18)	159
Day 20	약속을 이루신 하나님(창 21:1-7)	169
Day 21	하나님께 불필요한 존재는 없습니다(창 21:8-21)	174
Day 22	드디어 약속의 성취를 보이시다(창 21:22-34)	184
Day 23	믿음의 수준을 가늠하는 시험(창 22:1-19)	190
Day 24	믿음의 눈으로 보기(창 24:1-9)	201
Day 25	기도 제목에 관한 오해(창 24:10-49)	208
Day 26	하나님의 뜻 재확인하기(창 24:50-67)	216
Day 27	믿음의 결단(창 24:50-67)	224
Day 28	성경이 제공하는 프레임 안으로 들어가기(창 12:11,14)	231

Day 1

찾아오시는 하나님

오늘의 본문
창세기 12:1-3 (NKRV)

¹여호와께서 아브람에게 이르시되 너는 너의 고향과 친척과 아버지의 집을 떠나 내가 네게 보여 줄 땅으로 가라 ²내가 너로 큰 민족을 이루고 네게 복을 주어 네 이름을 창대하게 하리니 너는 복이 될지라 ³너를 축복하는 자에게는 내가 복을 내리고 너를 저주하는 자에게는 내가 저주하리니 땅의 모든 족속이 너로 말미암아 복을 얻을 것이라 하신지라 ⁴이에 아브람이 여호와의 말씀을 따라갔고 롯도 그와 함께 갔으며 아브람이 하란을 떠날 때에 칠십오 세였더라

저자 해설 및 묵상

히브리서 11장에는 아브라함이 하나님께서 고향 땅을 떠나라는 명령에 순종하여 어디로 갈지 알지 못하면서도 믿음으로 떠났다고 칭찬합니다. 그래서 우리도 그런 믿음을 부러워합니다. 어떻게 하면 그런 단단한 믿음을 가질 수 있을까요? 그에게만 특별한 하나님의 배려가 있었기 때문일까요? 그렇다면 우리에게도 하나님께서 그런 특별한 믿음을 주실 수 있도록 구해야 하는 건가요?

아브라함은 사실 결혼 후 오랫동안 자식이 없었습니다. 고대 근동 지역에서 자식이 없다는 것은 신의 저주였습니다. 그래서 결혼을 했으면 반드시 자식을 갖는 것이 당연한 것이었습니다. 그런데 아브라함과 사라 사이에 자식이 생기지 않았으니, 얼마나 무거운 수심에 잠겼겠습니까! 두 사람은 자식을 갖기 위해서 자기들이 할 수 있는 모든 조치를 다 취했을 것입니다. 점도 치고, 무당을 찾아 굿도 하고, 온갖 민간요법이란 요법은 다 동원했을 것입니다. 이렇게 말할 수 있는 근거는 여호수아 24:2에 있습니다.

"여호수아가 모든 백성에게 이르되 이스라엘의 하나님 여호와께서 이같이 말씀하시기를 옛적에 너희의 조상들 곧 아브라함의 아버지, 나홀의 아버지 데라가 강 저쪽에 거주하여 다른 신들을 섬겼으나" (수 24:2)

아브라함은 하란 땅에서 하나님이 나타나시기 전까지는 하나님을 알지 못했습니다. 바벨탑 사건 이후로 온 땅으로 흩어진 노아 자손 중, 셈의 후손이었던 아브라함 집안은 함 자손이 지배했던 바벨론 땅 우르에서 살다가 유프라테스 강 상류에 위치한 하란 땅으로 이주해서 거기에 정착하여 살았습니다. 여기까지 아브라함 집안을 이끌던 사람은 아버지 데라였습니다. 집안의 가장인 그의 결정이 매우 컸겠지요. 아브라함이 하나님의 명령에 따라 하란을 떠나 가나안 땅으로 이주한 후에도 아브라함의 형제인 나홀 집안은 그대로 그곳에서 살았습니다. 물론 우상을 섬기면서 말이지요.

그런데 고대 근동 지역에서 장거리 여행을 한다는 것은 매우 위험한 일이었습니다. 여행 중에 약탈을 당하거나 죽기도 하기 때문에 고향을 떠나 먼 길을 가는 것을 꺼려했습니다. 더군다나 다른 지역으로 이주한다는 것은 더더욱 쉽지 않은 것이었습니다. 낯선 땅에 들어가서 그곳에 자리를 잡는다는 것은 원래 배타적인 분위기였던 당시의 분위기로 봐서 너무 어려운 일이었습니다. 아브라함도 아버지 데라를 따라 갈대아 우르에서 하란으로 이주해 왔을 때, 그것이 얼마나 어려운 것인지 이미 경험을 했기 때문에 잘 알고 있었을 겁니다.

그럼에도 불구하고 아브라함이 고향 땅을 떠나기로 선택한 것은 바로 그렇게도 기다렸던 '자식'에 대한 '여호와'라는 신의 약속 때문이었습니다. 이 자식에 대한 약속이 아니었으면, 그냥 고향 땅을 떠나 그 신이 지시하는 땅으로 가라는 명령을 따를 리가 없었을 것입니다.

아브라함에게 '여호와'라는 신이 약속한 내용이 바로 2절부터 4절까지입니다. 2절에 "복이 될지라"는 의미는 3절을 가르키고 있습니다. 즉, 아브라함에게 호의를 베푸는 자에게는 하나님께서도 호의를 베푸시고, 아브라함에게 해를 가하는 자에게는 하나님께서도 해를 가하겠다는 의미입니다. 다시 말해서, 하나님께서 아브라함의 편이 되어 주시겠다는 것이지요. 그리고 아브라함에게 주어진 자식과 그 후손을 통해서 모든 세상 사람이 하나님의 복을 받을 것이라는 약속입니다. 그렇게 하기 위해서, 하나님은 아브라함의 후손을 큰 민족으로 만드시겠다는 약속을 하셨습니다.

지난 40여년 간 아브라함은 어느 누구에게도 이런 말을 들어본 적이 없었습니다. 그냥 자식이라도 하나 있으면 모든 게 다 괜찮겠다는 마음으로만 살았습니다. 그걸 위해서 안 해본 게 없을 정도였습니다. 물론 모든 게 헛고생으로 끝났지만 말입니다.

그런데 '여호와'라고 하는 신이 자신에게 찾아와서 던진 약속은 이루 말할 수 없는 대단한 소망을 갖게 만들었습니다. 그냥 자식 하나 얻는 것을 넘어서, 자신의 후손이 대단한 후손이 될 것이라는 계시는 아마도 아브라함을 흥분의 도가니에 빠지게 만들었을 지도 모릅니다. 아브라함이 그렇게도 위험한 여행길을 떠나겠다고 결단을 한 것을 보면 말입니다. 그것도 목숨을 건 선택이었는데도 말입니다.

아브라함은 하나님께서 약속하셨던 자손의 미래에 대하여 그게 어떤 의미인지 제대로 이해를 하지는 못했을 겁니다. 수천 년이 지난 후에 일어날 일을 어떻게 상상이나 했겠습니까? 다만 그게 매우 좋은 것이라는 것만은 짐작했겠지요..

이렇게 하나님은 아브라함의 필요가 무엇인지 알고 계셨기 때문에 그의 필요를 빌미로 아브라함을 찾아오셨습니다. 그리고 그의 귀가 뻥 열리는 내용을 말씀해 주셨습니다. 하나님께서 그를 설득하신 것이지요. 그렇게 해서 그는 하나님의 지시를 따르기로 결정하고 고향 땅을 떠납니다. 히브리서 저자는 이런 순종을 '믿음'이라고 평가해 주었습니다. 그가 알고 있는 신은 '자식을 주겠다고 약속하신 신인 여호와'라는 것뿐인데 말입니다. 아브라함은 믿음의 달리기를 이제 막 시작했을 뿐입니다. 믿음은 하나님에 대해 얼마나 알고 있느냐에 달려있지 않습니다. 믿음은 자기가 만난 하나님의 지시를 따라 순

종하는 데 있습니다. 비록 자기의 필요를 채우기 위해서 움직였다 하더라도 말입니다. 믿음은 거기에서부터 출발하는 경우가 많습니다.

묵상과 적용을 위한 질문

1. 하나님이 당신을 찾아오셨을 때, 당신은 어떤 상황이었는지요? 당신이 그 당시 하나님의 말씀에 순종했던 경우를 기억해 보십시오.

2. 누군가 삶의 고민을 가진 자가 있다면, 하나님은 당신이 어떻게 하기를 원하실까요?

나만의 묵상 메모

오늘 묵상을 통해 주신 깨달음에 대해 직접 기록해 보세요.

저자와 함께 하는 한 줄 기도

저의 일상의 필요를 아시고 찾아와 주셔서 감사합니다. 저에게 주님의 말씀에 어설프지만 반응할 수 있도록 동기를 부여해 주셨던 것에 감사드립니다. 저에게 믿음의 출발을 할 수 있게 해 주셔서 감사합니다.

기·도·와·결·단

오늘 묵상한 말씀의 적용과 삶의 결단을 담아 자신의 기도를 적어 보세요.

_____
_____
_____
_____
_____

Day 2

우리의 속사정을
아시는 하나님

오늘의 본문

창세기 12:4-20 (NKRV)

⁴이에 아브람이 여호와의 말씀을 따라갔고 롯도 그와 함께 갔으며 아브람이 하란을 떠날 때에 칠십오 세였더라 ⁵아브람이 그의 아내 사래와 조카 롯과 하란에서 모은 모든 소유와 얻은 사람들을 이끌고 가나안 땅으로 가려고 떠나서 마침내 가나안 땅에 들어갔더라 ⁶아브람이 그 땅을 지나 세겜 땅 모레 상수리나무에 이르니 그 때에 가나안 사람이 그 땅에 거주하였더라 ⁷여호와께서 아브람에게 나타나 이르시되 내가 이 땅을 네 자손에게 주리라 하신지라 자기에게 나타나신 여호와께 그가 그 곳에서 제단을 쌓고 ⁸거기서 벧엘 동쪽 산으로 옮겨 장막을 치니 서쪽은 벧엘이요 동쪽은 아이라 그가 그 곳에서 여호와께 제단을 쌓고 여호와의 이름을 부르더니 ⁹점점 남방으로 옮겨갔더라 ¹⁰그 땅에 기근이 들었으므로 아브람이 애굽에 거류하려고 그리로 내려갔으니 이는 그 땅에 기근이 심하였음이라 ¹¹그가 애굽에 가까이 이르렀을 때에 그의 아내 사래에게 말하되 내가 알기에 그대는 아리따운 여인이라 ¹²애굽 사람이 그대를 볼 때에 이르기를 이는 그의 아내라 하여 나는 죽이고 그대는 살리리니 ¹³원하건대 그대는 나의 누이라 하라 그러면 내가 그대로 말미암아 안전하고 내 목숨이 그대로 말미암아 보존되리라 하니라 ¹⁴아브람이 애굽에 이르렀을 때에 애굽 사람들이 그 여인이 심히 아리따움을 보았고 ¹⁵바로의 고관들도 그를 보고 바로 앞에서 칭찬하므로 그 여인을 바로의 궁으로 이끌어들인지라 ¹⁶이에 바로가 그로 말미암아 아브람을 후대하므로

아브람이 양과 소와 노비와 암수 나귀와 낙타를 얻었더라 [17]여호와께서 아브람의 아내 사래의 일로 바로와 그 집에 큰 재앙을 내리신지라 [18]바로가 아브람을 불러서 이르되 네가 어찌하여 나에게 이렇게 행하였느냐 네가 어찌하여 그를 네 아내라고 내게 말하지 아니하였느냐 [19]네가 어찌 그를 누이라 하여 내가 그를 데려다가 아내를 삼게 하였느냐 네 아내가 여기 있으니 이제 데려가라 하고 [20]바로가 사람들에게 그의 일을 명하매 그들이 그와 함께 그의 아내와 그의 모든 소유를 보내었더라

저자 해설 및 묵상

자식을 주겠다는 하나님의 약속 하나를 믿고 위험한 나그네 길을 선택한 아브라함은 하란을 떠나 마침내 가나안 땅에 발을 디뎠습니다. 그리고는 세겜 땅 모레 상수리 나무 근처에 장막을 치고 한 동안 그곳에 머물렀습니다. 그리고는 세겜을 떠나 남쪽으로 약 19km 떨어진 벧엘과 아이 성 중간쯤에 장막을 쳤습니다. 그곳에서도 어느 정도 머물다가 더 남쪽으로 80km 정도 쭈욱 내려가서는 광야 지대인 네겝에 자리를 잡았습니다. 아마도 네겝에 있는 브엘세바에 자리를 잡았겠지요. 그런데 사막 지형에 있는 성인지라 그동안 지나온 성들에 비하면 인적이 드물 수밖에 없었겠지요. 아브라함은 하란에서 네겝 브엘세바까지 약 900km 정도의 거리를 이동한 거지요.

네겝이 사막 지대라는 것을 감안해 보면, 아브라함이 그동안 이동한 경로에 특이한 점이 발견됩니다. 아브라함이 가나안 땅에 들어와 장막을 친 장소는 세겜 성 근처 상수리 나무가 있는 곳이었습니다.

이렇게 세겜 성 가까운 자리에 장막을 쳤던 아브라함은 그곳에 오래 머물지 못하고 다시 이동을 하더니, 이번에는 벧엘과 아이라는 두 성 사이에 장막을 칩니다. 그리고는 거기에서도 정착하지 못하고, 더 남쪽으로 사람들이 별로 살지 않는 네겝 광야로 이동합니다. 이 과정을 보면, 아브라함이 가나안 현지인이 되도록이면 적은 장소를 선택했다는 것입니다.

그런데 네겝에서 이집트로 들어갈 때, 아브라함이 사라에게 둘 사이를 '오누이' 관계로 사람들에게 말하도록 요구했다는 것입니다. 이집트는 지금까지 거쳐온 지역과는 차원이 다른 곳이었기 때문입니다. 이집트는 당시에 가장 강력한 나라였습니다. 그것은 곧 이집트의 수호신이 가나안의 다른 어떤 수호신들보다 강한 신이었다는 겁니다. 아브라함이 섬기는 '여호와'라는 신과는 차원이 다른 강력한 신이라고 볼 수밖에 없었을 겁니다. '여호와' 신은 오직 아브라함만이 섬기는 신인데, 이집트의 신은 당시 가장 큰 나라의 신이었으니 어찌 비교할 수가 있었겠습니까? 아브라함은 자기를 보호해 주겠다고 약속한 '여호와' 신이 이집트의 '태양신'을 넘어서는 신이라고 여길 리가 없었겠지요. 당시에는 어느 신이 강한 신인가를 평가하는 기준이 바로 그 신을 섬기는 부족의 크기, 군사력, 경제력이었기 때문입니다.

그래서 아브라함에게 '여호와'는 자기에게 자식을 줄 수 있는 신이기는 하지만, 다른 신을 믿는 사람들에게서 자신을 보호해 줄 수 있다고는 믿지 못했던 것입니다. 얼마 전에 자기를 찾아오신 신이었기에 아브라함이 이분을 제대로 알 수가 없었기 때문입니다. 그래서 아내 사라를 욕심내는 사람들로부터 자기를 보호하기 위해서 나름대로 생각해낸 해결 방법이 사라를 포기하기로 결정했던 것입니다. 하나님이 자식을 주시겠다고 하신 것이 반드시 사라일 필요가 없을 것이라 여겼던 것이겠지요.

아브라함은 자기 아내를 이집트 바로 왕이 관심을 보이자 누이동생이라 하고 보내 버렸습니다. 신부값으로 많을 재물을 받고서 말입니다. 그러자 여호와께서 바로 집안에 큰 재앙을 내렸습니다. 그 재앙이 구체적으로 어떤 것인지 알려지지는 않았지만, 왕궁 안에 누군가 사고가 났거나 질병을 앓게 되는 일이 발생했을 것입니다. 그리고 이 재앙의 원인이 근래에 바로 집안에 들어온 사라라고 지목한 자들이 아마도 이집트 왕궁의 신관이었을 겁니다. 이런 재앙이 생겼을 때, 가족으로 새로 들어온 사람에게 원인을 찾을 수밖에 없었을 테니까 말입니다. 그런데 실제로 여호와께서 그렇게 하신 것이라고 창세기 저자는 분명하게 명시합니다.

그러면 이 경우에, 하나님은 왜 정작 잘못한 사람은 아브라함인데, 아무것도 모르고 사라를 취한 바로 왕을 징계하셨을까요? 거짓말을 한 사람이 아브라함인데 말입니다. 하나님보다 바로 왕을 두려워한 자인데 말인데요. 믿음이 없는 짓을 행한 자인데 말입니다.

그에 대하여, 하나님이 아브라함을 사랑하셨기 때문이라고 한다면, 하나님은 편애하시는 분이 되어버립니다. 사라를 보호하시기 위해서라는 응답도 하나님의 일방적인 편애의 한 면일 수도 있습니다. 궁극적으로는 하나님께서 선택하신 아브라함인 것도 사실이고, 사라를 보호하시려는 것도 사실입니다. 하지만, 조금 더 들여다보면,

하나님께서 이런 조치를 취하신 이유가 보입니다.

아브라함은 처음 하나님께서 찾아오셔서 자식을 주시겠다는 약속을 하셨을 때, 하나님을 제대로 알지 못한 상태였습니다. 만약에 자식 약속을 하지 않으신 채 하란 고향 땅을 떠나서 가나안 땅으로 이주를 하라고 하셨다면 움직이지 않았을지도 모릅니다. 아브라함에게 절박했던 자식에 대한 약속 때문에 아브라함은 여행의 위험을 무릅쓰고 고향 땅을 떠난 것입니다. 그러나 그렇게 떠나기는 하지만, 자신에게 명령을 하신 '여호와'가 과연 어떤 신인지 파악이 제대로 된 상태는 아니었습니다. 그에게는 여전히 '여호와'는 다른 부족의 신들보다 작다고 느꼈습니다. 그래서 세겜 땅 상수리 나무 밑에서 하나님께서 그들의 땅을 주시겠다고 하셨을 때, 처음에는 감격하여 예배를 드렸지만, 그곳의 현지인이 눈에 들어오자 (6절 후반부) 하나님의 약속보다는 현실의 무게가 더 크게 느껴져 세겜을 떠난 것입니다. 그리고는 벧엘 성도 아니고 아이 성도 아닌 중간쯤에 자리를 잡아 그곳의 현지인에 대한 부담감을 덜 느끼려 했던 것 같습니다. 그리고 아예 사람이 별로 살지 않는 네겝 사막으로 이주를 해버렸습니다.

이런 아브라함의 행적을 통해서, 그가 하나님에 대하여 제대로 아는 게 별로 없다는 것이 나타납니다. 그러니 당연히 이집트의 태양신의 화신인 바로 왕을 두려워할 수밖에 없었다는 것을 하나님은 알고 계셨습니다. 아브라함이 섬기는 여호와가 이집트의 신을 이길 수 있으리라고는 꿈에도 생각지 못했을 겁니다. 하나님은 이런 아브라함을 이해하셨기 때문에, 그의 잘못된 선택을 질책하지 않으셨습니다. 그와는 반대로, 오히려 그의 잘못된 선택을 하나님의 목적을 위하여 활용하셨습니다. 바로 왕에게 징계를 내리셔서 우왕좌왕 당황하게 만드시더니, 결국에는 아브라함이 섬기는 신이 자기 가족에게 징계를 내리셨다는 것을 알아채고, 아브라함에게 사라를 돌려보냈습니다. 엄청 화를 내고서 말입니다. 이쯤 되면, 바로는 아브라함을 질타하고 그에 따른 가혹한 벌을 내렸어야 했습니다. 그러나 그는 아브라함의 신이 너무나 두려워서 그에게 손도 못 대고 자기가 주었던 신부값도 돌려받을 생각도 못하고 부리나케 이집트 국경 밖으로 쫓아버렸습니다.

이번 기회에 하나님은 아브라함이 섬기는 하나님 여호와가 이집트 제국의 신보다 더 강하다는 사실을 알게 하셨습니다. 그리고 자신은 포기할 수 있다고 생각했던 아내 사라를 하나님께서는 포기하지 않으셨다는 것을 알리셨습니다. 자기에게 자식을 주시겠다는 약속이 다른 여인을 통해서가 아니라 사라를 통해서라는 것을 알리셨습니다. 아브라함의 약한 믿음을 이해하시고, 그의 서투른 선택을 탓하시는 대신에, 그 선택을 활용하여 하나님이 어떤 분이신지를 알리셨습니다.

묵상과 적용을 위한 질문

1. 당신이 아브라함과 같은 비슷한 잘못된 선택을 했을 경우, 어떤 두려움이 당신을 눌렀는지요?

2. 이 본문이 당신에게 어떤 면에서 격려와 힘이 되는지요?

 나만의 묵상 메모

오늘 묵상을 통해 주신 깨달음에 대해 직접 기록해 보세요.

저자와 함께 하는 한 줄 기도

　주님, 제가 죄를 짓고 죄책감에 눌려서 주님 앞에 나가는 것을 주저하지 말게 하소서. 대신에 저를 이해하시고 저의 문제를 궁극적으로 해결해 주시기 위하여 수고하시는 주님의 자비를 기억하게 하소서. 그리고 다시 시작하게 하소서.

기·도·와·결·단

오늘 묵상한 말씀의 적용과 삶의 결단을 담아 자신의 기도를 적어 보세요.

_____
_____
_____
_____
_____

Day 3

믿음의 성숙은
속성반이 없다

오늘의 본문
창세기 13:1-18 (NKRV)

¹아브람이 애굽에서 그와 그의 아내와 모든 소유와 롯과 함께 네게브로 올라가니 ²아브람에게 가축과 은과 금이 풍부하였더라 ³그가 네게브에서부터 길을 떠나 벧엘에 이르며 벧엘과 아이 사이 곧 전에 장막 쳤던 곳에 이르니 ⁴그가 처음으로 제단을 쌓은 곳이라 그가 거기서 여호와의 이름을 불렀더라 ⁵아브람의 일행 롯도 양과 소와 장막이 있으므로 ⁶그 땅이 그들이 동거하기에 넉넉하지 못하였으니 이는 그들의 소유가 많아서 동거할 수 없었음이니라 ⁷그러므로 아브람의 가축의 목자와 롯의 가축의 목자가 서로 다투고 또 가나안 사람과 브리스 사람도 그 땅에 거주하였는지라 ⁸아브람이 롯에게 이르되 우리는 한 친족이라 나나 너나 내 목자나 네 목자나 서로 다투게 하지 말자 ⁹네 앞에 온 땅이 있지 아니하냐 나를 떠나가라 네가 좌하면 나는 우하고 네가 우하면 나는 좌하리라 ¹⁰이에 롯이 눈을 들어 요단 지역을 바라본즉 소알까지 온 땅에 물이 넉넉하니 여호와께서 소돔과 고모라를 멸하시기 전이었으므로 여호와의 동산 같고 애굽 땅과 같았더라 ¹¹그러므로 롯이 요단 온 지역을 택하고 동으로 옮기니 그들이 서로 떠난지라 ¹²아브람은 가나안 땅에 거주하였고 롯은 그 지역의 도시들에 머무르며 그 장막을 옮겨 소돔까지 이르렀더라 ¹³소돔 사람은 여호와 앞에 악하며 큰 죄인이었더라 ¹⁴롯이 아브람을 떠난 후에 여호와께서 아브람에게 이르시되 너는 눈을 들어 너 있는 곳에서 북쪽과 남쪽 그리고 동쪽과 서쪽을 바라보라 ¹⁵보이는 땅을

내가 너와 네 자손에게 주리니 영원히 이르리라 ¹⁶내가 네 자손이 땅의 티끌 같게 하리니 사람이 땅의 티끌을 능히 셀 수 있을진대 네 자손도 세리라 ¹⁷너는 일어나 그 땅을 종과 횡으로 두루 다녀 보라 내가 그것을 네게 주리라 ¹⁸이에 아브람이 장막을 옮겨 헤브론에 있는 마므레 상수리 수풀에 이르러 거주하며 거기서 여호와를 위하여 제단을 쌓았더라

저자 해설 및 묵상

아이들은 항상 '베프'를 찾습니다. '베스트 프렌드(best friend)', 요새 말로 '절친'이라 하지요. 하지만 아이들의 절친 관계는 오래 가지를 못합니다. 절친이라고 매우 좋아하다가, 얼마 지나지 않아 그 절친한테 배신감을 느끼고 서로 돌아서 버리는 경우가 정말 흔하지요. 그래서 진정한 절친은 아주 오래오래 가는 법이라는 사실을 계속 상기시켜 주어야 합니다. 군불 지피듯이 천천히 따뜻해지고, 그 따스함이 오래 사라지지 않는 그런 관계 말입니다. 그 절친 사이는 사탕처럼 달아도, 약처럼 써도, 한결 같은 마음으로 서로를 붙들어 주는 친밀한 관계를 유지하게 됩니다.

아브라함과 그의 조카 롯과의 관계도 절친 관계였습니다. 롯이 조카이기는 했지만 하란을 떠나 가나안을 떠날 때 이미 롯은 한 가정의 가장이었습니다. 아브라함에게는 장조카가 되는 셈이었지요. 아브라함에게 여러 친지들이 있었지만, 멀리 떠나는 위험하고 외로운 이민자 생활을 함께 해달라고 그가 요청했던 사람이 바로 롯이었습

니다. 그만큼 롯과 아브라함은 아주 가까운 사이였을 것이 확실합니다. 롯이 작은 아버지 아브라함을 좋아하지 않았다거나, 그저 그런 사이였다면, 그 위험하고 불확실한 이주를 선택했을 리가 없을 겁니다. 그만큼 둘 사이는 서로를 의지하는 친밀한 관계를 가진 서로에게 절친이었던 거지요.

그런데 그렇게 영원할 것만 같았던 절친 관계에 금이 가는 일이 생겼습니다. 한 때는 위험한 길을 함께 떠날 정도로 가까웠던 사이였는데 말이지요. 한 핏줄로 엮여져 있는 가족이라 할지라도 그 관계가 영원하지 않을 수도 있다는 것을 보여줍니다.

이집트의 바로 왕에게 추방당해서 다시 가나안 땅으로 돌아온 아브라함과 롯은 벧엘과 아이 성 주변, 지난 번에 장막을 쳤던 곳으로 돌아와서, 장막을 치고, 가축을 풀어놓았습니다. 그런데 지난번과 달리 이번에는 그 땅이 비좁아진 겁니다. 이집트에서 바로 왕에게서 받은 재물이 상당했는데, 그것을 그대로 가지고 왔기 때문이지요. 전에는 둘 사이에 아무 어려움이 없이 살았던 땅에서, 이제는 많아진 재물 때문에, 두 집안 사이에 갈등이 생겨버렸습니다. 누가 더 많은 땅을 확보하여 가축을 먹일 수 있겠느냐를 놓고 두 집안의 목동들이 다투었기 때문이지요(13:7a). 그 땅에 두 집안의 가축이 함께 머물기에는 좁았던 겁니다(13:6).

아브라함은 두 집안의 목동 사이의 갈등이 끊이지 않을 뿐 아니라, 점점 더 심해지는 것 때문에 마음이 편치 않았습니다. 이 문제를 해결하기 위해서 내린 처방이 조카에게 양보하는 것이었습니다. 이렇게 아브라함이 조카에게 양보한 것이 하나님께서 기뻐하시는 '큰 미덕'이라고 칭찬하는 경우가 많습니다. 그렇게 양보했기 때문에 하나님께서 아브라함에게 더 큰 땅을 주시겠다는 약속을 하셨다는 겁니다. 아브라함의 아름다운 양보에 대한 칭찬 일색이지요. 그래서 우리도 아브라함처럼 양보해야 하며, 그렇게 할 때 하나님께서 큰 복을 내리실 것이라는 적용 교훈을 얻습니다.

하지만, 이 문제를 다른 관점에서 바라보면 어떨까요? 다시 말해서, 그의 좋은 성격 때문에 오히려 그가 중요한 것을 놓칠 수 있었다는 겁니다.

아브라함은 선택권을 롯에게 줘버렸습니다. 왜 그랬을까요? 함께 고향을 떠나자고 해서 여기까지 따라왔는데, 이제 불편한 자리가 되니 헤어지자고 하는 것이 미안했을까요? 만약에 롯이 벧엘 부근을 선택했다면, 아브라함은 그곳을 떠나 다른 곳으로 가야 하지 않았을까요? 과거에 그는 세겜에서도 하나님이 약속하셨던 세겜 땅을 떠나버린 적이 있습니다. 그곳에 사는 현주민을 두려워하는 바람에 말입니다. 그런데 그는 만약에 롯이 다른 곳을 선택하면, 벧엘에 남겠지만, 벧엘을 선택한다면 다른 곳으로 가야 합니다. 그렇게 된다면, 하나님이 약속하신 땅을 떠나야하는 형국이 되지 않겠습니까?

그의 이런 행태를 보면, 아브라함은 이 지역을 하나님이 약속하신 땅이라는 사실을 잊거나 현실적이지 않다고 여기는 것 같습니다. 확신이 있었다면, 자기가 있어야 할 곳이 바로 그곳이라고 했을 테니까 말입니다. 하지만 사람에 대한 두려움 때문에 그는 하나님의 약속이 작아보였던 것 같습니다.

이 두려움은 이전에 그가 세겜 땅에 있으면서 느꼈던 그 두려움과 다를 바 없는 것 같습니다. 이집트제국의 태양신을 대표하는 바로 왕으로부터 자신과 사라를 보호하셨던 여호와 하나님에 대한 기억은 어디로 사라져 버린 것 같네요. 아브라함은 자기가 포기해버린 사라를 바로 왕의 손에서 건져내어 주셨던 하나님. 바로 왕을 꼼짝하지 못하게 만드셨던 하나님. 이 하나님을 경험한 지가 오래되지 않았습니다.

그런데도 불구하고, 그는 다시 두려움을 느낍니다. 그것도 이집트에 비하면 아주 작은 지역 주민을 대상으로 말입니다. 물론 자기를 구해주신 하나님께 대한 감격이 없었을 리가 없었겠지요. 그래서 자기를 보호해 주실 수 있는 하나님으로 어느 정도 받아들일 수 있었을 겁니다. 그러나 그 감격이, 그 신뢰가 오래 가지 못합니다. 시간이 지날수록 그 감격의 농도는 흐려지고, 신뢰의 두께는 얇아집니다. 그렇게 인간은 망각의 동물입니다.

롯은 아브라함의 제안을 좋게 받아들여서, 자신이 벧엘 지역을 떠나 요단 강 계곡 평야 쪽을 선택하기로 했습니다. 하나님은 그가 떠나고 빈자리를 느끼고 있던 아브라함에게 나타나셔서, 사방에 눈이 가는 데까지 다 아브라함의 땅이 될 것이라고 약속해 주십니다. 두려워하지 말라는 뜻이지요. 밟는 땅마다 다 아브라함의 것이 될 것이라고 약속해 주십니다. 두려워하는 것을 지적하고 질타하시는 대신에, 그가 왜 두려워하는 지 이해하시기 때문에, 질타 대신에 격려하십니다.

묵상과 적용을 위한 질문

1. 하나님의 은혜를 경험한 감격이 얼마나 지속되었는지요? 받은 은혜를 잊게 만드는 원인은 무엇인가요?

2. 하나님 안에서 형성되는 성품과 천성으로 착한 것의 차이점이 무엇일까요?

나만의 묵상 메모

오늘 묵상을 통해 주신 깨달음에 대해 직접 기록해 보세요.

저자와 함께 하는 한 줄 기도

주님, 주님의 은혜를 경험하고서도 쉽게 잊고 또 다른 두려움에 흔들리는 저 자신을 고백합니다. 이런 연약함을 이해해 주시고, 격려해 주시는 은혜와 사랑에 감사드립니다. 오늘보다 내일에는 더욱 단단한 믿음으로 설 수 있도록 인도해 주소서.

 기·도·와·결·단

오늘 묵상한 말씀의 적용과 삶의 결단을 담아 자신의 기도를 적어 보세요.

_____
_____
_____
_____

Day 4

눈이 있으면 봐야 하는데

오늘의 본문

창세기 13:1-18 (NKRV)

¹아브람이 애굽에서 그와 그의 아내와 모든 소유와 롯과 함께 네게브로 올라가니 ²아브람에게 가축과 은과 금이 풍부하였더라 ³그가 네게브에서부터 길을 떠나 벧엘에 이르며 벧엘과 아이 사이 곧 전에 장막 쳤던 곳에 이르니 ⁴그가 처음으로 제단을 쌓은 곳이라 그가 거기서 여호와의 이름을 불렀더라 ⁵아브람의 일행 롯도 양과 소와 장막이 있으므로 ⁶그 땅이 그들이 동거하기에 넉넉하지 못하였으니 이는 그들의 소유가 많아서 동거할 수 없었음이니라 ⁷그러므로 아브람의 가축의 목자와 롯의 가축의 목자가 서로 다투고 또 가나안 사람과 브리스 사람도 그 땅에 거주하였는지라 ⁸아브람이 롯에게 이르되 우리는 한 친족이라 나나 너나 내 목자나 네 목자나 서로 다투게 하지 말자 ⁹네 앞에 온 땅이 있지 아니하냐 나를 떠나가라 네가 좌하면 나는 우하고 네가 우하면 나는 좌하리라 ¹⁰이에 롯이 눈을 들어 요단 지역을 바라본즉 소알까지 온 땅에 물이 넉넉하니 여호와께서 소돔과 고모라를 멸하시기 전이었으므로 여호와의 동산 같고 애굽 땅과 같았더라 ¹¹그러므로 롯이 요단 온 지역을 택하고 동으로 옮기니 그들이 서로 떠난지라 ¹²아브람은 가나안 땅에 거주하였고 롯은 그 지역의 도시들에 머무르며 그 장막을 옮겨 소돔까지 이르렀더라 ¹³소돔 사람은 여호와 앞에 악하며 큰 죄인이었더라 ¹⁴롯이 아브람을 떠난 후에 여호와께서 아브람에게 이르시되 너는 눈을 들어 너 있는 곳에서 북쪽과 남쪽 그리고 동쪽과 서쪽을 바라보라 ¹⁵보이는 땅을

내가 너와 네 자손에게 주리니 영원히 이르리라 ¹⁶내가 네 자손이 땅의 티끌 같게 하리니 사람이 땅의 티끌을 능히 셀 수 있을진대 네 자손도 세리라 ¹⁷너는 일어나 그 땅을 종과 횡으로 두루 다녀 보라 내가 그것을 네게 주리라 ¹⁸이에 아브람이 장막을 옮겨 헤브론에 있는 마므레 상수리 수풀에 이르러 거주하며 거기서 여호와를 위하여 제단을 쌓았더라

저자 해설 및 묵상

창세기 13장은 아브라함과 롯에 대한 이야기입니다. Day 3에서는 아브라함을 다뤘는데, 이번에는 롯에 관해 다뤄보려 합니다. 롯은 아브라함의 장조카입니다. 갈대아 우르에 살 때 아브라함의 형인 하란이 결혼하여 낳은 아들이 바로 롯이었습니다. 데라는 아들 하란을 세상을 먼저 떠나보낸 후에 오랫동안 살았던 갈대아 우르를 떠나 유프라테스 상류 쪽으로 이주를 하다가 하란 땅에 정착하였습니다. 어쩌면 우르를 떠난 이유가 아들을 묻은 땅을 떠나고 싶었던 아비 데라의 마음이 아니었나 추측해 봅니다.

롯은 아버지 하란이 죽은 후에 어쩌면 작은 아버지 아브라함을 아버지처럼, 친구처럼, 혹은 형제처럼 여기며 가깝게 지냈던 사이였던 것 같습니다. 그렇지 않으면, 삼촌을 따라 위험한 여행길을 떠나지 않았을테니까요. 더군다나 삼촌 아브라함이 오랫동안 자식이 없어서 가슴앓이를 하는 것을 옆에서 보아왔었는데, 어느 날 여호와라는 신이 나타났답니다. 그런데 삼촌 아브라함에게 자식을 주겠다는 약

속을 했다네요. 작은 삼촌 아브라함이 이런 얘기를 할 때, 롯은 참으로 놀랍기도 하고 기쁘기도 했을 겁니다.

그런데 한 가지 조건이 있는데, 이제는 고향 땅이 되어버린 하란을 떠나서 다른 땅으로 이주를 해야 한다는 것이었습니다. 아니, 자식을 주면 주는 거지, 무엇 때문에 인척이 함께 살고 있는 고향 땅을 등지라고 하는 건지 이해할 수가 없었을 겁니다. 하지만 자식에 대한 작은 삼촌의 간절함을 잘 알고 있었던 롯은 자기와 함께 가자는 요청을 거부할 수 없었던 것 같습니다.

하나님이 아브라함의 후손이 크게 될 것이라는 약속을 하셨지만, 그 약속은 아브라함의 것이지 롯의 것이 아니었습니다. 그러기에, 롯은 작은 삼촌에게 주어질 미래의 성공에 마음이 흔들려서 이삿짐을 꾸리지는 않았을 겁니다. 삼촌과 오랜 세월 쌓였던 정이 외적인 위험에 대한 두려움보다 더 컸을 겁니다. 게다가 작은 삼촌이 자식을 바라는 열망이 얼마나 큰지 잘 알고 있었던 롯이었습니다. 그랬기에 아브라함이 제안을 하자 다른 것을 다 버리고 함께 떠나게 되었다고 추측할 수 있습니다.

하지만 롯이 아브라함을 부르신 여호와 하나님에 대해 관심이 없었던 것은 아닐 겁니다. 그동안 아브라함과 함께 있으면서 여호와라는 신에 대하여 알기 시작했을 겁니다. 이집트에서는 바로 왕을 제압하신 사실을 직접 알게 되었으니까요. 거짓말을 시킨 아브라함을 이집트 바로 왕이 혼비백산하여 그냥 이집트 밖으로 추방하는 것만 해도 그가 얼마나 아브라함의 신 여호와를 두려워했는지 알 것만 같았을 겁니다. 하지만, 자신의 아내를 누이동생이라고 속인 삼촌에 대하여 롯은 어떤 생각이 들었을까요? 자신의 목숨이 중요하다는 것은 알겠지만, 그렇다고 하여 자기 아내를 누이동생이라고 사람들에게 말하라고 자기 아내에게 요구하는 삼촌을 바라보는 롯은 그게 과연 정상적이라고 생각이 들었을까요? 그런데 이런 삼촌이 아니라 바로 왕을 징계하시는 하나님이 롯의 눈에는 어떻게 보였을까요? 아마도 그에게는 자기 삼촌을 보호해 주시는 신으로 보였을 것이 분명합니다.

이렇게 롯은 다시 가나안 땅으로 쫓겨나는 삼촌을 따라 갔습니다. 그리고는 벧엘과 아이 성 중간 지점 쯤에다 삼촌과 함께 장막을 쳤습니다. 하지만 지금의 삼촌의 표정은 과거와 좀 다르다는 것을 느꼈을 겁니다. 과거와는 달리 좀더 여유있는 모습이라고 할까요. 전에 벧엘에 있었을 때의 위축된 모습과는 달라져 있는 게 확연해 보였으니까요.

그러나 이집트에서 신부 값으로 받은 가축이 많은 바람에 먹일 풀이 모자라서 두 집안의 목동들이 다투는 일이 생기면서 롯과 아브라함 사이가 불편해지기 시작했습니다. 그동안 하란에서, 그리고 가나안 땅에 들어온 이후 지금까지 함께 했던 좋은 관계가 한 순간에 망가져 버릴 만큼 불편해졌습니다. 이렇게 되자 아브라함은 롯을 불러서 제안을 합니다. 선택의 우선권을 줄 테니, 어느 땅을 선택할지 결정을 하라고 말입니다.

그러자 롯은 요단 강이 흐르는 계곡을 따라 펼쳐진 푸른 초장에 눈을 돌립니다. 그의 눈에 그곳은 "물이 넉넉한 주님의 동산과도 같고, 이집트 땅과도" 같았습니다(13:10). 롯은 그 땅에 마음을 빼앗기고 말았습니다. 롯은 전에 보았던 이집트의 나일 강을 낀 농토가 떠올랐습니다. 너무나 비옥한 나일 강 가의 토지가 부러웠나 봅니다. 그의 눈에 요단 강가 목초지가 확 빨려 들어왔습니다. 자기가 직접 보지도 못했던 에덴동산처럼 보였다고 하는 걸 보니, 무척이나 좋아 보였던 것 같네요. 그는 아브라함의 제안에 망설이지 않고, 요단 강 계곡의 초원을 선택합니다. 어쩌면, 롯은 삼촌과의 갈등이 없었어도, 그의 마음은 이미 저 요단 강 계곡의 초원으로 가버렸는지도 모릅니다. 이렇게 그는 아브라함의 장막 안에 있으면 함께 누릴 하나님의 약속의 복을 떠나게 됩니다. 롯은 아브라함과 함께 동행했지만, 함께 하신 여호와 하나님과 동행하지는 못했습니다. 아브라함 때문에 여호와 하나님을 알게 되었지만, 자신의 하나님으로 만나지는 못했습니다. 그랬기에 그는 삼촌을 떠나 더 비옥한 욕심나는 땅을 선택합니다. 그는 더 풍족함을 위해서 하나님의 약속과는 상관없이 이미 그의 마음은 딴 곳을 향합니다.

묵상과 적용을 위한 질문

1. 만약에 롯이 하나님에 대한 믿음을 가졌다면, 삼촌 아브라함이 헤어지자고 했을 때 무엇이라 응답할 수 있었을 것 같습니까?

2. 롯의 마음이 삼촌과 함께 하는 것보다 요단 강 계곡에 끌렸던 근본적인 이유가 무엇이었습니까?

나만의 묵상 메모

오늘 묵상을 통해 주신 깨달음에 대해 직접 기록해 보세요.

저자와 함께 하는 한 줄 기도

주님, 세상의 삶의 방식이 수월하고 수월하다는 사실을 알고 있습니다. 주님의 길을 가는 것이 어렵다는 것을 알고 있습니다. 그렇다 할지라도 제가 주님과 함께 가는 길을 선택하고 싶습니다. 주님과 함께 가는 길의 가치와 기쁨을 계속 맛보기를 원합니다. 그래서 세상의 맛과는 견줄 수가 없는 것이라는 사실을 더욱 실감하게 하소서.

기·도·와·결·단

오늘 묵상한 말씀의 적용과 삶의 결단을 담아 자신의 기도를 적어 보세요.

_____
_____
_____
_____

Day 5

새로운 차원의 신앙으로

오늘의 본문

창세기 14:1-24 (NKRV)

¹당시에 시날 왕 아므라벨과 엘라살 왕 아리옥과 엘람 왕 그돌라오멜과 고임 왕 디달이 ²소돔 왕 베라와 고모라 왕 비르사와 아드마 왕 시납과 스보임 왕 세메벨과 벨라 곧 소알 왕과 싸우니라 ³이들이 다 싯딤 골짜기 곧 지금의 염해에 모였더라 ⁴이들이 십이 년 동안 그돌라오멜을 섬기다가 제십삼년에 배반한지라 ⁵제십사년에 그돌라오멜과 그와 함께 한 왕들이 나와서 아스드롯 가르나임에서 르바 족속을, 함에서 수스 족속을, 사웨 기랴다임에서 엠 족속을 치고 ⁶호리 족속을 그 산 세일에서 쳐서 광야 근방 엘바란까지 이르렀으며 ⁷그들이 돌이켜 엔미스밧 곧 가데스에 이르러 아말렉 족속의 온 땅과 하사손다말에 사는 아모리 족속을 친지라 ⁸소돔 왕과 고모라 왕과 아드마 왕과 스보임 왕과 벨라 곧 소알 왕이 나와서 싯딤 골짜기에서 그들과 전쟁을 하기 위하여 진을 쳤더니 ⁹엘람 왕 그돌라오멜과 고임 왕 디달과 시날 왕 아므라벨과 엘라살 왕 아리옥 네 왕이 곧 그 다섯 왕과 맞서니라 ¹⁰싯딤 골짜기에는 역청 구덩이가 많은지라 소돔 왕과 고모라 왕이 달아날 때에 그들이 거기 빠지고 그 나머지는 산으로 도망하매 ¹¹네 왕이 소돔과 고모라의 모든 재물과 양식을 빼앗아 가고 ¹²소돔에 거주하는 아브라함의 조카 롯도 사로잡고 그 재물까지 노략하여 갔더라 ¹³도망한 자가 와서 히브리 사람 아브람에게 알리니 그 때에 아브람이 아모리 족속 마므레의 상수리 수풀 근처에 거주하였더라 마므레는 에스골의 형제요 또 아넬의 형제라 이들은 아브람과 동맹한 사람들이더라 ¹⁴아브람이 그의 조카가 사로잡혔음을 듣고 집에서 길리고 훈련된 자 삼백십팔 명을 거느리고 단

까지 쫓아가서 15그와 그의 가신들이 나뉘어 밤에 그들을 쳐부수고 다메섹 왼편 호바까지 쫓아가 16모든 빼앗겼던 재물과 자기의 조카 롯과 그의 재물과 또 부녀와 친척을 다 찾아왔더라 17아브람이 그돌라오멜과 그와 함께 한 왕들을 쳐부수고 돌아올 때에 소돔 왕이 사웨 골짜기 곧 왕의 골짜기로 나와 그를 영접하였고 18살렘 왕 멜기세덱이 떡과 포도주를 가지고 나왔으니 그는 지극히 높으신 하나님의 제사장이었더라 19그가 아브람에게 축복하여 이르되 천지의 주재이시요 지극히 높으신 하나님이여 아브람에게 복을 주옵소서 20너희 대적을 네 손에 붙이신 지극히 높으신 하나님을 찬송할지로다 하매 아브람이 그 얻은 것에서 십분의 일을 멜기세덱에게 주었더라 21소돔 왕이 아브람에게 이르되 사람은 내게 보내고 물품은 네가 가지라 22아브람이 소돔 왕에게 이르되 천지의 주재이시요 지극히 높으신 하나님 여호와께 내가 손을 들어 맹세하노니 23네 말이 내가 아브람으로 치부하게 하였다 할까 하여 네게 속한 것은 실 한 오라기나 들메끈 한 가닥도 내가 가지지 아니하리라 24오직 젊은이들이 먹은 것과 나와 동행한 아넬과 에스골과 마므레의 분깃을 제할지니 그들이 그 분깃을 가질 것이니라

저자 해설 및 묵상

자기 아내에게 자기를 남편이 아니라 사촌오빠라고 하는 것이 사랑의 징표라고 말도 안되는 억지를 부리던 이 소심한 자가 자기 조카 롯이 포로가 되어 바빌론으로 끌려가고 있다는 말에 자기 생명을 겁니다. 까딱 잘못하면 자기와 자기 종들 모두가 다 죽거나 부상당할 확률이 매우 높을 수밖에 없는 전투입니다. 그런데 무작정 바빌론 연합군을 뒤쫓아 가겠답니다. 자기 목숨을 부지하기 위하여 아내를 남에게 넘기려 했던 자가 조카를 위해서는 목숨을 내놓는 모습을

보입니다.

헤브론에서 바벨론 지역 연합군이 머물고 있는 단까지 약 200킬로미터 거리인데, 나흘 이상 걸리는 거리입니다. 가는 동안 그는 무슨 생각이 들었을까요? 자기 조카 롯을 포로로 잡아가는 그들을 향한 분노가 탱천했을까요? 아니면, 급한 마음에 정신없이 출발하기는 했지만, 막상 길을 가다 보니 은근히 걱정이 되지는 않았을까요? 작은 무리로 큰 무리를 공격한다는 것이 얼마나 무모한 일인지 마음이 꽤나 복잡했을 겁니다. 그들은 강한 군사력을 가진 자들이었습니다. 소돔 왕의 주도로 다섯 왕이 모여 힘을 합쳤지만 저들의 공격에 힘없이 무너져 버릴 정도였으니 말입니다. 그런데 이런 군대를 대항해서 포로로 잡혀간 롯을 구하겠다고 나선 것 자체가 무모하다고 느꼈을지도 모릅니다.

그런데 도착해 보니, 예상 밖의 상황이 전개되어 있습니다. 아브라함이 단에 도착할 무렵에, 바빌론 연합군은 승리에 도취되어 모든 경계심을 풀어버린 상태였던 것 같습니다. 소돔과 고모라의 연맹군들을 초토화시키고, 포로를 끌고 단까지 이동한 바빌론 군대는 얼마나 기고만장했겠습니까! 이들은 이번 전쟁의 승리를 축하하기 위해 커다란 파티를 열고 있는 중이었을 겁니다. 그들은 승리감에 도취한 나머지 모두들 술에 취하여 몸도 가누지 못할 상태가 되어 버렸던 것 같습니다.

이에 자신감을 얻은 아브라함은 깊은 밤이 될 때까지 기다렸다가 저들이 술에 취해 곯아떨어졌을 때 여러 패로 나누어 급습을 했습니다. 그러자 저들은 그만 지리멸렬, 견디지 못하고 줄행랑을 쳐버렸습니다. 모든 포로와 노획물을 내팽겨쳐 놓고는 줄행랑 쳐버렸습니다.

아브라함은 졸지에 개선장군이 되어 다시 헤브론을 향해 돌아옵니다. 그러면 이렇게 개선장군이 되어 돌아오는 아브라함은 어떤 생각을 하며 돌아오고 있었을까요? 그는 이 전쟁에서 승리할 것이라는 예상을 한 적이 있었을까요? 아닙니다. 전혀 이길 가능성을 가지고 간 것이 아니었기 때문에 어쩌면 이 승리가 그에게는 전혀 믿기지 않는 충격적인 사건이었을 겁니다. 어쩌면 그는 이 전쟁에서 승리하고 돌아오는 이 상황이 과연 진짜인지 아니면 꿈을 꾸고 있는 것인지 실감이 나지 않았을지도 모르겠습니다. 헤브론으로 돌아오면서 자기가 거둔 승리가 믿기지 않아 얼떨떨하기만 합니다.

그런데 이런 아브라함에게 그의 승리가 어떻게 해서 가능했는지 알려준 사람이 있습니다. 살렘 왕 멜기세덱입니다. 아브라함이 살렘 성 가까이 다다르자, 살렘 왕 멜기세덱이 빵과 포도주를 가지고 나와 아브라함과 그의 일행을 맞이합니다. 그는 "지극히 높으신 하나님의 제사장"이었습니다. 히브리서에는 그가 대제사장이었던 신비로운 인물이라고만 기록되어 있습니다. 멜기세덱은 큰 전쟁에서 승리하고 돌아오는 아브라함 일행과 포로로 잡혀갔던 소돔 성 사람들을 맞이합니다. 그리고 이렇게 아브라함을 축복합니다. "천지의 주재시요, 지극히 높으신 하나님이여 아브라함에게 복을 주옵소서. 너희 대적을 네 손에 붙이신 지극히 높으신 하나님을 찬송할지로다" (14:18-19).

멜기세덱의 이 축복의 메시지에는 한 가지 매우 중요한 사실이 담겨 있습니다. 아브라함이 반드시 이번 기회에 숙지해야 할 것입니다. 그것은 다름이 아니라, 아브라함이 전쟁에서 승리할 수 있었던 것은 "천지의 주재"이시며 "지극히 높으신 하나님"이었다는 사실입니다. 하나님은 멜기세덱을 통하여 아브라함에게 알려주십니다.

얼떨결에 뛰어든 전쟁에서 정말 천재일우의 기회가 주어져서 이긴 것인지, 아니면 어떤 것인지 얼떨떨한 지경이었습니다. 그런데 멜기세덱이 아브라함에게 승리를 안겨주신 신이 누구인지 알려주었습니다. 지금까지 아브라함은 자기의 신 여호와가 이집트의 신을 대표하는 바로 왕을 징계할 정도의 위대한 신이라는 것은 알고 있었습니다. 하지만 하나님이 하늘과 땅을 다스리시는 분이며, 그 어떤 신보다 뛰어난 신이며 다른 신과는 비교가 안되는 절대적인 신이란 사실은 모르고 있었지요. 그런데 멜기세덱이 아브라함의 신이신 여호와께서 아브라함의 전쟁을 승리로 이끄셨다는 선포를 한 겁니다. 귀환을 하면서도, 자기의 신 여호와가 이 전쟁을 승리로 이끄셨다는 것이 실감이 가지 않는 상황에서, 멜기세덱의 이 칭송은 아브라함의 눈을 크게 뜨게 만든 사건이었습니다.

이 사실을 알게 된 아브라함은 자신의 신 여호와를 이렇게 묘사합니다. "천지의 주재이시요 지극히 높으신 하나님 여호와"(14:22). 멜기세덱은 아브라함의 신 여호와를 "천지의 주재이시요, 지극히 높으신 하나님"이라고 묘사했고, 아브라함은 "천지의 주재이시요, 지극히 높으신 하나님 여호와"라고 묘사했습니다. 아브라함이 여호와라고 부르는 신이 바로 우주적인 신이라는 사실을 멜기세덱이 알려준 셈입니다.

실제로 아브라함의 이야기가 시작되는 12장부터 14장 이 부분까지 "하나님"이라는 명칭은 한 번도 사용이 되지 않았습니다. 대신에 아브라함과 개인적인 언약 관계를 맺으신 "여호와"라는 명칭만 사용되었습니다. '여호와'는 아브라함을 찾아오시고 개인적인 관계를 맺은 신입니다. 그런데 멜기세덱이 아브라함의 눈을 열어준 것입니다. 아브라함의 여호와가 하늘과 땅을 주관하시는 가장 높으신 절대적인 하나님이시라는 사실을 말입니다. 아브라함에게 이 경험은 인생의 중대한 변곡점이 되었을 겁니다. 지금까지 자기를 부르신 여호와를 자기 집안에서만 섬기는 신으로 알고 있었는데 말입니다.

묵상과 적용을 위한 질문

1. 당신에게 신앙의 단계를 하나 더 올라갈 수 있었던 계기가 있었는지요?

   _____
   _____
   _____

2. 당신은 누구에게 신앙의 눈을 뜰 수 있도록 도움이 된 적이 있는지요?

   _____
   _____
   _____

🌱 나만의 묵상 메모

오늘 묵상을 통해 주신 깨달음에 대해 직접 기록해 보세요.

🙏 저자와 함께 하는 한 줄 기도

주님, 제가 살아가는 중에 예상치 못한 일을 만나 허둥댈 때에, 심지어는 그런 상황을 사용하셔서도 제가 주님을 알아가는 도구로 사용하여 주신다는 것을 배웠습니다. 이 배움을 잊지 않고, 당혹스러운 일이 생겼을 때에 주님께서 무엇을 가르치실 것인지 배우는 자세를 갖기를 원합니다.

🪴 기·도·와·결·단

오늘 묵상한 말씀의 적용과 삶의 결단을 담아 자신의 기도를 적어 보세요.

Day 6

하나님의 주권을 고백하는 헌금

오늘의 본문

창세기 14:1-24 (NKRV)

¹⁸살렘 왕 멜기세덱이 떡과 포도주를 가지고 나왔으니 그는 지극히 높으신 하나님의 제사장이었더라 ¹⁹그가 아브람에게 축복하여 이르되 천지의 주재이시요 지극히 높으신 하나님이여 아브람에게 복을 주옵소서 ²⁰너희 대적을 네 손에 붙이신 지극히 높으신 하나님을 찬송할지로다 하매 아브람이 그 얻은 것에서 십분의 일을 멜기세덱에게 주었더라 ²¹소돔 왕이 아브람에게 이르되 사람은 내게 보내고 물품은 네가 가지라 ²²아브람이 소돔 왕에게 이르되 천지의 주재이시요 지극히 높으신 하나님 여호와께 내가 손을 들어 맹세하노니 ²³네 말이 내가 아브람으로 치부하게 하였다 할까 하여 네게 속한 것은 실 한 오라기나 들메끈 한 가닥도 내가 가지지 아니하리라 ²⁴오직 젊은이들이 먹은 것과 나와 동행한 아넬과 에스골과 마므레의 분깃을 제할지니 그들이 그 분깃을 가질 것이니라

저자 해설 및 묵상

아브라함은 바빌론 연합군을 물리치고 당당히 개선장군이 되어 돌아옵니다. 이런 아브라함에게 하나님은 살렘 성의 왕인 멜기세덱

을 보내십니다. 가나안 땅 헤브론으로 가는 길목에 살렘 성이 있었습니다. 거기에는 전쟁에서 패해 도망쳤던 소돔 왕도 있었고, 그 지역 주민이 모두 나와서 아브라함의 행렬을 지켜보았을 겁니다. 아브라함이 그동안 은근히 두려워했던 가나안 주민들이 모두 아브라함에게 환성을 보냅니다. 항상 무엇인가 주눅든 모습이었는데, 이제는 그럴 필요가 없게 되었습니다. 오히려 그들이 아브라함을 경외하는 눈초리로 바라보고 있었을 겁니다. 그런 큰 전쟁의 승리자는 영웅이라 하지 않을 수 없었으니까요.

그런데 이렇게 바뀐 분위기 속에 있는 아브라함에게 멜기세덱은 누가 이 전쟁을 이기도록 하셨는지 알려 주었습니다. 바로 "천지의 주재시요, 지극히 높으신 하나님"이셨습니다. 아브라함은 자기에게 자식을 주시겠다고 찾아오신 신이신 여호와가 이집트의 바로 왕을 넘어서신 분이라는 것은 알고 있었습니다. 그러나 그 감격도 얼마 가지를 못해서, 가나안 주민이 두려워졌던 일도 있었습니다. 그 바람에 롯이 자기를 떠나 결국에는 소돔 성으로 이주하게 되었고, 결국에는 바빌론의 포로로 잡혀가는 일이 일어난 겁니다.

그렇게도 아브라함은 자기를 부르신 신 '여호와'에 대한 신뢰 정도가 오르락내리락 했습니다. 그런데 이번 조카 구출 작전을 통해서 여호와가 "천지의 주재시요, 지극히 높은 하나님"이라는 사실을 발견했습니다. 멜기세덱을 통해서 말입니다.

이렇게 멜기세덱을 통해서 이 전쟁의 승리를 이끄신 분이 '하나님'인 걸 알게 된 아브라함은 그 하나님이 바로 자기를 찾아오셔서 자식을 주시겠다고 약속하셨고, 이집트에서 바로 왕을 제압하셨던

'여호와'라는 것을 알게 된 것입니다. 이 여호와가 다른 어떤 신과 비교할 바가 없는 절대적인 권능을 가지신 분이라는 것을 배운 것입니다.

그렇다면 이런 하나님을 알게 된 아브라함이 한 것이 무엇입니까? 아브라함은 자기가 바빌론 연합군과의 싸움을 승리로 이끄신 여호와 하나님께 전쟁 노획물의 십의 일을 드렸습니다. 이 십의 일조의 의미는 전쟁을 승리로 이끄신 분이 여호와 하나님이심을 인정하는 표식이었습니다. "하나님, 이 전쟁을 승리하게 하신 분이 바로 하나님이십니다. 하나님께서 승리하게 하신 것을 마음에 새깁니다."

이것을 우리의 일상에 적용을 한다면, 십의 일조는 나의 삶을 주관하시는 분임을 고백하는 행위인 것입니다. 나의 삶 속에 주님이 주인 되신다는 고백이 바로 십일조의 고백입니다. 나의 수입에서 십분의 일을 떼어 주님께 내어드림으로써 내 삶의 전체를 주관하시는 분이 주님이시라는 고백을 하는 겁니다.

사실 십일조에 대한 논란이 많습니다. 십일조는 구약에나 있고 신약에는 없으니 하지 않아도 된다는 주장도 있고, 여전히 십일조를 해야 한다는 주장도 있습니다. 또한 십일조를 수입의 전체 액수에서 십 분의 일을 드려야 하느냐, 아니면 실수입에서 십 분의 일을 드려야 하느냐는 질문을 하는 성도들도 있습니다. 십일조를 하지 않으면 암에 걸린다는 협박성 권면을(?) 하는 목회자도 있습니다. 말라기 선지자가 십일조에 관해서 언급하면서, '십일조를 해봐라, 하나님이 복을 주실 것이다. 한 번 시험해 보라' 고 했는데, 이것을 적용하여 십일조를 냈더니 하나님께서 우리의 수입을 배로 불려주셨다는 간증도 심심치 않게 들립니다. 그런데 이런 관점들이 성경에서 의도하는 십일조의 핵심을 비껴가고 있다는 사실을 얼마나 알고 있을까요? 십일조는 우리가 낸 헌금보다 더 많은 물질을 받기 위해 하나님께 드리는 것이 아닙니다. 하나님의 주권을 인정하고, 이웃을 사랑하는 마음에서 발현된 헌금이 십일조입니다. 십일조를 드린다 함은 바로 하나님을 사랑하고 이웃을 사랑하는 기본이 됩니다. 이렇게 하나님의 율법의 근본을 지키는 자에게 하나님께서는 복을 내리신다는 신명기에서 언급한 하나님의 복의 원리를 말라기 선지자가 말한 것입니다.

　창세기에서 언급하고 있는 아브라함의 십일조의 성격을 보면, 우리가 그동안 들었던 십일조에 관한 이해와는 차이가 있는 것을 발견하게 됩니다. 아브라함을 통해 성경이 우리에게 말하고 싶은 십일조는 '하나님의 주권을 인정하는 우리의 믿음의 분량'이라고 할 수 있습니다. 다시 말해서, 물량적인 계산을 해야 정확한 십일조가 아니라는 겁니다. 즉, 하나님을 내 인생의 주인으로 모시는 정도에 따라서 주님께 나의 마음을 표현하는 헌금의 분량이 달라진다는 겁니다. 어떤 이에게는 이십 분의 일이 하나님을 주권자로 모시는 자신의 믿음 분량이 될 수 있겠지요. 또 어떤 이는 오 분의 일이 자신의 믿음의 분량이 될 수 있습니다. 그래서 십일조를 어쩌면 '하나님의 주권을 고백하는 헌금'이라 해야 하지 않을까 생각합니다. 십일조만 아니라 그 이외의 여러 명목의 헌금 또한 모두 하나님의 주권을 고백하는 헌금이 되어야 한다고 봅니다. 부디 모두가 주님을 향한 헌신이 점점 더 깊어지고, 높아질 수 있기를 소원합니다.

율법서에서 언급하고 있는 십일조는 이스라엘 백성에게는 거의 세금과 같은 성격을 지니고 있습니다. 그것으로 가난한 사람들을 돕는데 사용하고, 땅을 가지고 있지 않은 레위 지파가 살아갈 수 있는 재물로 사용되도록 정하였습니다. 이스라엘 지파 중에 자신의 땅을 가지고 있지 않기 때문에, 이스라엘 백성은 항상 자기들의 형제 지파의 생계를 돕기 위한 조치를 취하도록 하나님께서 정해 놓으셨습니다. 이것은 우리 주변에 있는 '없는 사람'을 항상 마음에 두는 연습을 하도록 주님께서 마련해 놓으신 법인 것입니다. 그러니, 그 헌물의 이름이 무엇이든지, 그 헌물은 '십일조'의 원 의미를 품은 헌물이 되어야 합니다.

묵상과 적용을 위한 질문

1. 창세기에서 말하는 십일조와 율법서에서 말하는 십일조의 의미가 무엇입니까?

   _____

   _____

2. 이 시대에 사는 우리에게 십일조의 의미를 어떻게 살릴 수 있을까요?

   _____

   _____

 나만의 묵상 메모

오늘 묵상을 통해 주신 깨달음에 대해 직접 기록해 보세요.

 저자와 함께 하는 한 줄 기도

주님, 제가 살아가는 일상에서 항상 주님의 마음을 품을 수 있기를 원합니다. 주님이 왕이 되어 주셔서 주님의 말씀에 순종하는 삶을 살기를 원합니다. 그런 마음을 품은 헌금을 드릴 수 있기를 원합니다. 제가 그런 풍성한 삶을 살게 하소서.

기·도·와·결·단

오늘 묵상한 말씀의 적용과 삶의 결단을 담아 자신의 기도를 적어 보세요.

Day 7

믿으면 의로워지는가?

오늘의 본문

창세기 15:1-6 (NKRV)

¹이 후에 여호와의 말씀이 환상 중에 아브람에게 임하여 이르시되 아브람아 두려워하지 말라 나는 네 방패요 너의 지극히 큰 상급이니라 ²아브람이 이르되 주 여호와여 무엇을 내게 주시려 하나이까 나는 자식이 없사오니 나의 상속자는 이 다메섹 사람 엘리에셀이니이다 ³아브람이 또 이르되 주께서 내게 씨를 주지 아니하셨으니 내 집에서 길린 자가 내 상속자가 될 것이니이다 ⁴여호와의 말씀이 그에게 임하여 이르시되 그 사람이 네 상속자가 아니라 네 몸에서 날 자가 네 상속자가 되리라 하시고 ⁵그를 이끌고 밖으로 나가 이르시되 하늘을 우러러 뭇별을 셀 수 있나 보라 또 그에게 이르시되 네 자손이 이와 같으리라 ⁶아브람이 여호와를 믿으니 여호와께서 이를 그의 의로 여기시고

저자 해설 및 묵상

바빌론 연합군에 의해 포로로 잡혀가던 롯을 구해온 후, 어느 정도 시간이 지난 다음, 아브라함에게 벌어진 이야기입니다. 하나님께서 아브라함에게 나타나셔서 아브라함에게 약속하시는 내용이지요.

아들을 주시겠다는 약속을 믿고 고향 땅을 떠나 가나안으로 내려온 지가 언젠데 아직도 사라에게 아이가 없습니다. 얼마나 답답한 노릇이겠습니까? 이럴 경우, 약속해 주신 하나님과 자기가 알아가는 하나님 사이에 괴리가 느껴지지는 않았을까요? 성경에서 말하고 있는 하나님과 내 삶의 현장에서 경험하는 하나님이 다를 때 우리의 믿음은 제대로 자리를 잡지 못하게 됩니다.

그런 그에게 하나님께서 나타나셔서 아브라함에게 아들에 관한 약속을 다시 해 주신 내용입니다. 하나님이 하늘과 땅을 주관하시는 절대자인 것이 맞기는 맞는 것 같습니다. 그런데 어째서 이런 분이 자기에게 약속하셨던 것을 지키지 않고 있는 것일까요? 아브라함으로서는 도무지 이해가 되지 않았을 겁니다. 자기와의 약속을 잊으신 건지, 아니면 다른 것은 다 해도 아이를 갖게 하시는 것은 안되시는 건지. 그렇다면 약속이나 하지 말 것이지 말입니다. 자기는 그 말만 믿고 모든 게 익숙하고 편안했던 고향 땅을 등지고 여기 낯선 곳까지 왔는데 말이에요. 이 땅에 와서 이 고생 저 고생하고 있는 것도 자식을 얻기 위해서 하는 건데, 여전히 바라는 아이는 없으니, 사기당한 것만 같았을 겁니다.

이렇게 여러 모로 하나님께 대한 마음이 불편한 마음에 하루하루가 편치 않았을 겁니다. 이러다가 상속자 없이 죽을 수도 있겠다는 불안감이 밀려옵니다. 언제 죽을지도 모르는 낯선 땅에서 무언가 자구책을 마련해 놔야겠다는 생각이 들었나 봅니다. 뒤를 이을 후사가 없으면, 이 낯선 땅에서 자신의 재물이 모두 공중 분해될 것이 뻔하니까요. 고향 땅에 있었으면, 다른 친족에게 상속할 수도 있었는데 말입니다. 그래서 마련한 자구책이 다마스커스에서 종으로 사온 엘리에셀입니다. 이 아이를 양자로 들여 상속자로 삼을 계획까지 세웠습니다. 아브라함이 이 정도까지 해 놓은 것을 보면, 하나님에 대한 기대를 접어버렸던 것 같네요. 전능하신 분이지만, 자기와 한 약속을 잊었거나, 마음을 바꾸었거나, 둘 중의 하나라 생각했던 것 같습니다.

하나님이 절대적인 존재라는 사실을 아브라함은 알고 있습니다. 다른 모든 신들보다 강하신 분이라는 것도 부인하지 않습니다. 하지만 현재 자기의 형편을 돌아보지 않고 무관심하다면, 그 하나님은 과연 나의 하나님이 될 수 있을까? 그분의 강함과 전능함은 나에게 아무런 의미가 없게 됩니다. 그렇게 무관심한 신에게 어찌 신뢰의 마음을 내어줄 수 있겠습니까! 다른 영역에서 하나님의 능력이 나타난다 할지라도 나와 연결되지 않으면, 그 능력은 나와 아무런 상관이 없습니다. 그 능력은 저 멀리 다른 곳에서나 빛을 발휘하지 나에게는 빛이 아니라고 생각할 수밖에 없을 겁니다. 아브라함도 그런 딜레마에 빠져 있었을 것 같습니다.

이렇게 속이 불편했던 어느 날 밤, 하나님께서 아브라함을 찾아오셨습니다. 모든 게 갖춰져 있어도 자식이 없기 때문에 인생의 의미를 느끼지 못하고 있는 아브라함에게 찾아오신 거지요. 자식을 주겠다고 약속하셨던 그 하나님이 한동안 소식이 없더니 드디어 찾아오신 겁니다. 그리고는 두려워하지 말라고 하십니다. 무엇을 두려워하지 말라고 하시는 걸까요? 신을 보면 죽는다는 당시 통념 때문에 아브라함이 두려워할까봐 그렇게 말하신 것일까요? 아니면 지난번 물리쳤던 바빌론 연합군이 다시 군사를 정비해서 복수할까봐 불안한 아브라함의 속내를 아시고서 하신 말씀인가요? 하기사 그때는 그들이 무방비 상태였으니까 쉽게 물리칠 수 있었지, 그렇지 않았다면 어떡할 뻔했겠습니까? 그래도 그때는 그 모든 것이 하나님께서 해 주셨다고 감격하지 않았는가요? 그런데 시간이 지나가니까, 다시 불안감이 몰려오기라도 한 건지요? 이렇게 쪼잔한 자에게 하나님은 방패가 되어 주시겠답니다. 그를 보호해 주시겠다는 말입니다. 아니, 그렇게 인생에서 잊지 못할 경험을 하고서, 어찌 다시 두려워할 수 있단 말인가요? 자기의 하나님이 전능하신 분이라는 사실을 고백하고서, 어찌 다시 이렇게 흔들릴 수 있단 말인가요? 이런 자를 하나님은 어찌 질책하지 않으신단 말인가요? 오히려 그를 보호해 주시겠다고 하시니 이게 말이 되는 겁니까?

그리고는 아브라함에게 많은 보상/상급이 있을 것이라고 약속을 하십니다. 하나님은 아이가 생기기를 원하는 아브라함에게 엉뚱한 것을 약속하십니다. 풍성한 재물이 주어질 것이라고 약속하십니다. 완전히 주파수가 서로가 맞지 않는 것 같습니다. 방패가 되어 주고 보상을 많이 주겠다고 하시는 것은 아브라함 자신이 살아있을 때에는 너무나 좋고 고마운 일인 건 사실이지요. 하지만, 자기가 죽게 되면 그 모든 게 다른 사람의 것이 되는데, 그 많은 재산이 무슨 소용이 있다는 말입니까 자기가 가진 모든 것을 이어받을 자식이 없는데, 그 많은 재물이 무슨 소용이 있단 말인가요?

아브라함은 평소에 가졌던 불만 때문에, 재물을 많이 주시겠다는 하나님께 그만 자기의 속내를 보이고 맙니다. 당시 신에게 할 수 없는 불경스럽기 짝이 없는 태도지요. 신을 보게 되면 죽음이라는 공포가 컸던 그 당시에 자기 앞에 나타난 ─ 환상이라 할지라도 ─ 하나님께 투덜거리는 아브라함은 아마도 간이 배 밖으로 튀어나온 것 같습니다. 그만큼 하나님께 가진 불만이 매우 컸던 겁니다.

'아니 하나님, 주신다는 게 무얼 주신다는 겁니까? 제가 없는 게 무언 줄 모르셔서 재산을 준다고 하시는 겁니까? 주신다는 자식은 왜 주지 않으시는 겁니까? 그러니 아무리 재산을 불려 주셔도 그것을 받을 자식이 없으니 무슨 소용이 있습니까? 저에게 아이를 품에 안는 것 외에 다른 것은 필요가 없습니다. 언제까지 기다려야 하는 겁니까? 이제 더 이상 저에 대한 신경을 쓰지 마십시오. 제가 알아서 할테니까요. 제가 나름 생각해 놓은 게 있습니다. 제가 다마스커스에서 종으로 데려온 엘리에셀을 양자로 삼을 작정입니다. 하나님이 주지 않으시니까 어쩔 수 없습니다. 더 이상 기대를 하지 않겠습니다.' 아브라함은 작정을 하고 하나님께 이렇게 불만을 퍼부었던 것 같습니다. 그동안 수 년 동안 참았던 것이 한꺼번에 터져버린 거지요.

그런데 하나님은 이렇게 막 나가는 아브라함에게 노하지 않으셨습니다. 원래 다른 신들이면 무례를 범한 것에 대하여 진노를 해야 하는 게 마땅한데 말입니다. 오히려 차근차근 설명하십니다. 엘리에셀은 아브라함의 상속자가 될 수 없다고 하십니다. 그리고는 아브라함을 장막 밖으로 데리고 나가십니다. 밤하늘 가득 떠있는 별들을 보라고 하시네요. 그리고는, "너의 자손이 저 별처럼 많아질 것"이라고 약속하십니다. 환상 중에 나타나신 하나님께서 아브라함을 데리고 나가셨다는 이 장면은, 마치 하나님께서 아브라함의 손을 잡고 장막 밖으로 나가신 것처럼 보입니다. 이것이 어떻게 된 것인지는 자세히 알 수는 없지요. 하지만 아브라함은 하나님께서 자신의 손을 직접 잡아 주신 것처럼 느꼈다는 겁니다. 자신의 불만을 강하게 표출하는 아브라함을 달래며 손수 손을 잡아 장막 밖으로 이끌어내시는 하나님이십니다.

그리고는 아브라함에게 이렇게 말씀하셨습니다. "하늘을 쳐다보아라. 네가 셀 수 있거든, 저 별들을 세어보아라. 너의 자손이 저 별처럼 많아질 것이다"(15:5).

아브라함은 자기 손을 잡아 이끄시는 하나님의 그 부드러운 음성에 그만 속에 있었던 하나님에 대한 불신의 얼음 덩어리가 그만 사르르 녹아 버린 것 같습니다. 이렇게 다시 덥썩 믿어버리게 된 데는 가나안 땅에 와서 지내면서 겪은 일 때문이기도 하겠습니다. 그동안 자기에게 나타나서 가나안 땅으로 가라고 하셨던 하나님이 누군지 알게 된 것만도 적지 않지 않은가요! 하늘과 땅을 주관하시는 전능하신 하나님이라는 사실을 알게 되지 않았습니까! 그분이 하늘을 수놓은 셀 수 없는 별처럼 자손을 주겠다고 하십니다. 아브라함은 반드시 그렇게 만들겠다고 설득하시는 하나님을 믿기로 했습니다. 아니 믿는다고 고백했지요. 밤하늘의 별들이 몽땅 아브라함 가슴 속으로 쏟아져 내려왔을 듯싶네요. 하나님은 그런 아브라함을 의로운 자로 여기셨고 말입니다(15:6).

그런데 여기에서 몇 가지 질문이 떠오릅니다. 하나님께서 아브라함의 믿음을 보시고 의로 여기셨다고 되어 있는데, 얼마 지나지 않아 아브라함은 아내 사라의 제안을 받아들입니다. 이것을 믿음이 있다고 할 수 있을까요? 아내 사라가 자기의 여종 하갈을 남편에게 주기로 결심한 이유가 매우 설득력 있어 보입니다. 하나님께서 지금까지 자식을 주시지 않는 것을 보면, 하나님이 아브라함에게 자식을 주시겠다고 한 여자가 자기가 아닐 수도 있다는 생각을 했던 것 같습니다. 그렇다면, 첩을 얻어서라도 남편의 아이가 생길 수 있도록 해야겠다는 결론을 내린 것이지요. 그런 선택이 그 당시에는 문제가 되지 않았으니까 말입니다. 물론 속이 상하기는 하겠지만.

아내의 제안이 아브라함에게는 매우 설득력이 있는 제안이었을 것 같습니다. 하지만, 얼마전에 하나님의 약속을 믿는다고 끄덕였는데, 그 믿음이 아브라함 속에 있기는 한 것일까요? 자식을 얻을 수 있다는 가능성이 사라의 제안으로 더 구체화된 것처럼 아브라함에게 다가옵니다. 그러자 아브라함은 안개 속을 걷는 것 같은 막연한 기다림을 포기하고 맙니다. 하나님은 이렇게 쉽게 무너져 내리게 될 믿음의 소유자를 의롭다고 하신 이유는 무엇일까요? 하나님이 하신 약속을 믿는다고 하고서는 그 믿음을 저버린 아브라함을 두고 바울은 믿음으로 의롭다고 하나님께 인정받은 인물로 규정합니다(롬 4:3). 바울이 로마 교회로 보낸 편지에서 묘사한 아브라함의 믿음을 보면, 그의 믿음을 완벽한 믿음으로 여길 수밖에 없습니다. 그런데 창세기에 나온 아브라함의 실상을 보면 의롭다고 여길 아무런 여지가 보이질 않습니다. 창세기에서 말하는 아브라함의 믿음의 실상과 로마서에서 말하는 아브라함의 믿음의 실체의 차이를 어떻게 이해해야 할까요?

내가 만약에 하나님이었다면, 아브라함의 믿음이 아직 여물지 않은 것을 알고 있기 때문에, 그의 믿음을 두고 의롭다고 칭찬해 주지 않았을 겁니다. 오히려 '너의 믿음은 아직 온전치 않기 때문에 너를 의롭다고 할 수가 없다. 더 분발해야 한다' 라고 채근했을 겁니다. 지금의 믿음으로는 부족하다고 현실을 직시하게 만들었을 겁니다. 거기에다 앞으로 일어날 위험성에 대해서도 경고했을 지도 모릅니다. 얼마되지 않아서 후사를 얻으려는 욕심에 거부할 수 없는 유혹에 넘어질 수도 있으니 조심하라는 경고와 함께 말입니다. 아브라함이 하갈을 취하는 일이 생길텐데 그것을 아는 내가 어찌 그의 믿음을 칭찬할 수가 있겠습니까! 어림없는 일이지요.

그런데 이상하게도 하나님은 그런 부족한 믿음을 가진 아브라함을 의롭다고 하셨습니다. 바울의 로마서를 보면, 그 믿음을 마치 완벽한 믿음인 것처럼 말하고 있습니다. 이것을 어떻게 이해해야 할까요? 이런 수수께끼 같은 현상을 이해할 수 있는 단서를 찾는다면 그것은 무엇일까요? 어쩌면, 의외로 그 단서를 우리 주변에서 쉽게 목격할 수 있는 장면에서 찾을 수 있을 지도 모르겠습니다.

돌이 가까운 아이가 가까스로 일어서서 한 발을 내딛으려는 순간을 포착한 엄마의 표정을 상상해보지요. 어린 아이가 한 발을 내딛으려 할 때, 엄마가 아기에게 "그래, 그래, 조그만 더, 더, 옳지!"라며 가슴 졸이는 장면을 상상할 수 있습니다. 그러다가 드디어 아기가 한 발을 내딛으면, 너무 좋아서 "아이가 걸어요!"라며 환성을 지르지요. 그리고 다른 사람들에게 자랑을 합니다. 한 걸음 밖에 걷지 못했는데도 말입니다. 또한 아이가 입을 떼어 "마~" 하고 소리를 내면, "얘가 엄마라고 해요!"라며 좋아하는 장면도 흔합니다. 이렇게 엄마는 어린 아이가 금방 넘어질지라도 한 걸음을 뗀 것을 두고, 마치 완벽히 걸은 것처럼 봐주며 기뻐합니다. 그리고 아기의 불완전한 엄마 소리에도 완전한 엄마 소리로 여기며 기뻐합니다. 이렇게 불완전한 것을 완전한 것으로 봐주는 것은 무엇 때문일까요? 바로 '사랑' 때문입니다. 아이를 사랑하는 부모의 마음 때문이지요.

마찬가지로 아브라함이 '예, 믿습니다'라는 고백 후에 금방 딴 짓을 할 것을 뻔히 아시면서도, 그가 시도한 믿음의 첫 걸음을 완전한 걸음으로 받아주셨던 겁니다. 그의 부족한 믿음을 온전한 것으로 받아주시며 기뻐하시는 이유는 '사랑'하기 때문이라는 이유 외에 그 무엇이라고 할 것인가요! 하나님의 그 사랑은 '은혜'입니다. 부족한 우리를 온전한 존재로 받아주시는 자비하심이 바로 '하나님의 은혜'인 겁니다.

묵상과 적용을 위한 질문

1. 자식 얻기를 하염없이 기다리는 아브라함의 경우와 비슷한 경험을 한 적이 있는지요?

   _____
   _____
   _____

2. 곧 무너질 아브라함의 믿음임에도 칭찬하시는 하나님이 당신에게 어떤 하나님으로 다가오시는가요?

나만의 묵상 메모

오늘 묵상을 통해 주신 깨달음에 대해 직접 기록해 보세요.

저자와 함께 하는 한 줄 기도

주님, 저의 연약한 믿음의 고백을 온전한 것으로 받아주시는 은혜에 감사드립니다. 주님의 은혜를 소중히 여기며 주님이 원하시는 온전한 믿음으로 자라기를 소원합니다. 혹시 그렇게 하지 못했을 때, 죄책감 때문에 주님으로부터 멀리하는 어리석은 자가 되지 않게 하소서. 오히려 주님의 자비하심에 기대어 다시 진심을 담아 주님을 신뢰하게 하소서.

기·도·와·결·단

오늘 묵상한 말씀의 적용과 삶의 결단을 담아 자신의 기도를 적어 보세요.

Day 8

설득하시는 하나님

오늘의 본문

창 15:7-21

⁷또 그에게 이르시되 나는 이 땅을 네게 주어 소유를 삼게 하려고 너를 갈대아인의 우르에서 이끌어 낸 여호와니라 ⁸그가 이르되 주 여호와여 내가 이 땅을 소유로 받을 것을 무엇으로 알리이까 ⁹여호와께서 그에게 이르시되 나를 위하여 삼 년 된 암소와 삼 년 된 암염소와 삼 년 된 숫양과 산비둘기와 집비둘기 새끼를 가져올지니라 ¹⁰아브람이 그 모든 것을 가져다가 그 중간을 쪼개고 그 쪼갠 것을 마주 대하여 놓고 그 새는 쪼개지 아니하였으며 ¹¹솔개가 그 사체 위에 내릴 때에는 아브람이 쫓았더라 ¹²해 질 때에 아브람에게 깊은 잠이 임하고 큰 흑암과 두려움이 그에게 임하였더니 ¹³여호와께서 아브람에게 이르시되 너는 반드시 알라 네 자손이 이방에서 객이 되어 그들을 섬기겠고 그들은 사백 년 동안 네 자손을 괴롭히리니 ¹⁴그들이 섬기는 나라를 내가 징벌할지며 그 후에 네 자손이 큰 재물을 이끌고 나오리라 ¹⁵너는 장수하다가 평안히 조상에게로 돌아가 장사될 것이요 ¹⁶네 자손은 사대 만에 이 땅으로 돌아오리니 이는 아모리 족속의 죄악이 아직 가득 차지 아니함이니라 하시더니 ¹⁷해가 져서 어두울 때에 연기 나는 화로가 보이며 타는 횃불이 쪼갠 고기 사이로 지나더라 ¹⁸그 날에 여호와께서 아브람과 더불어 언약을 세워 이르시되 내가 이 땅을 애굽 강에서부터 그 큰 강 유브라데까지 네 자손에게 주노니 ¹⁹곧 겐 족속과 그니스 족속과 갓몬 족속과 ²⁰헷 족속과 브리스 족속과 르바 족속과 ²¹아모리 족속과 가나안 족속과 기르가스 족속과 여부스 족속의 땅이니라 하셨더라

저자 해설 및 묵상

불완전한 아브라함의 믿음을 온전한 것으로 여겨주신 하나님의 은혜를 어제 묵상에서 나누었습니다. 내가 아브라함을 바라보시는 하나님의 마음이 어떤 것인지 들여다 볼 수 있었던 계기가 바로 이 장면을 통해서였습니다. 하나님의 은혜가 무엇인지 비로소 선명하게 드러나기 시작했습니다. 그동안 나는 내가 가진 허약한 믿음 때문에 힘들어 했었지요. 쉽게 무너지는 나의 연약한 믿음 때문에 자책하는 내 자신이 싫었을 때가 한두번이 아니었습니다. 이것이 해결되지 않으니, 나의 신앙 생활은 언제나 롤러코스터를 타는 식으로 부침이 매우 심했었지요. 언제는 천상에 있는 것 같았다가, 다른 때는 저 깊은 어두운 심연에 갇혀있는 것 같았습니다. 교회에서 봉사했던 것도, 선교 사역을 할 때도 그 족쇄에서 벗어나기가 어려웠습니다. 나는 하나님의 은혜를 말했지만, 그 은혜가 무엇인지를 제대로 알지를 못했던 겁니다. 그런 내가 진정한 안식을 누릴 수 있게 된 것은 바로 수수께끼 같은 하나님의 마음을 여기에서 발견했기 때문이었습니다. 이제는 내가 가진 믿음의 허약성에 휘둘리는 것이 아니라, 그것이라도 의롭다고 여겨주시는 하나님의 은혜에 나의 시선을 집중하게 되었기 때문입니다.

그렇습니다. 나에게 하나님의 이러한 은혜가 없이는 나는 절대로 하나님 앞에 설 수 없는 존재인 것을 압니다. 내가 하나님께 드리는 어떠한 충성도 너무나 허약한 충성일 수밖에 없습니다. 그럼에도 그 연약한 충성을 하나님은 마치 온전한 것을 받으시는 것처럼 기뻐하십시다. 이러니 내가 그 어떤 것으로 나의 괜찮음을 드러낼 수가 있겠습니까! 나의 괜찮음이란 것이 하나님 앞에서는 아무런 의미가 없지요. 그것 자체가 온전할 수가 없기 때문입니다.

그런데 이렇게 하나님의 은혜를 얘기하다 보면, 은근히 불안해하는 입장의 목소리도 들립니다. "하나님의 은혜, 은혜 하면서, 자기들 생긴대로 그냥 살아버리는 경우는 어떻게 할 것인가? 그것은 하나님의 은혜를 남용하는 것은 아닌가?" 일리 있는 말입니다. 한 사람의 호의를 악용하는 경우가 생기는 것도 사실이지요. 그럼에도 불구하고, 그런 오남용 때문에 하나님이 베푸시는 은혜를 막을 수 없습니다. 그렇게 흘러내리는 은혜에 어떻게 반응해야 하는 지를 선택하는 것은 인간의 몫이기 때문입니다. 그래서 어떻게 가르치느냐가 중요합니다. 진정으로 하나님의 은혜를 아는 자는 그 은혜를 남용할 수가 없기 때문이지요. 하나님께서도 은혜를 베푸시지만, 그 은혜를 남용하지 않기를 원하십니다.

그래서 아브라함을 의롭다고 인정해 주신 하나님께서는 아브라함이 자기의 믿음 고백 그대로 살아가길 원하셨습니다. 그럴려면 아브라함이 하나님께서 약속해 주신 것을 반드시 지키실 분이라는 확신을 가져야 합니다. 그래서 하나님께서는 아브라함에게 암송아지, 숫염소, 숫양, 그리고 산비둘기와 집비둘기를 준비하라고 하셨습니다. 그리고는, 첫 세 짐승은 머리부터 해서 몸통을 위에서 아래로 쪼개어 양 옆으로 나란히 놓게 하셨습니다. 두 비둘기는 몸체가 작기 때문에 쪼개지 않고 그대로 양 옆으로 놓게 하셨습니다. 그리고는 밤이 되기를 기다리셨다가, 주위가 캄캄해지자 연기나는 화덕과 타

오르는 횃불이 그 쪼개서 갈라놓은 짐승 사이를 지나가게 하셨습니다. 그리고는 아브라함의 자손이 이 가나안 땅의 주인이 될 것을 약속하셨습니다.

그러면 하나님께서 행하신 이 의식은 무엇을 의미하는 것일까요? 예레미야 선지자가 이러한 의식에 대해 언급을 했습니다.

> [18]송아지를 둘로 쪼개고 그 두 조각 사이로 지나매 내 앞에 언약을 맺었으나 그 말을 실행하지 아니하여 내 계약을 어긴 그들을 [19]곧 송아지 두 조각 사이로 지난 유다 고관들과 예루살렘 고관들과 내시들과 제사장들과 이 땅 모든 백성을 [20]내가 그들의 원수의 손과 그들의 생명을 찾는 자의 손에 넘기리니 그들의 시체가 공중의 새와 땅의 짐승의 먹이가 될 것이며 (렘 34:18-20)

당시 고대 근동에서는 둘 사이에 아주 중요한 약속을 할 때, 이렇게 동물을 쪼개서 나란히 배열을 하고는 약속의 당사자 두 사람이 그 사이를 함께 걸어갔다고 합니다. 둘 중에 어느 누가 이 약속을 어길 시에는 그 사람이 이렇게 죽음을 맞이할 것이라는 의미였습니다.

그런데 흥미로운 것은 여기 두 사람이 걸어가야 할 의식에 하나님을 상징하는 불만 지나가고 아브라함은 그대로 보고만 있었다는 겁니다. 아브라함은 쪼개 놓은 동물 사이를 하나님과 함께 지나가지 않았습니다. 다만 하나님이 통과하는 장면을 목도하기만 했습니다. 이것은 아마도 이런 뜻이었을 것입니다. "아브라함, 내가 너에게 약속하는 것은 내 생명을 걸고, 나의 이름을 걸고 하는 약속이야. 그러니

이 약속은 반드시 지킨다. 그러니 너는 나의 이 약속을 잊지 말았으면 해. 만약에 지키지 않으면 여기 둘로 쪼개진 짐승 꼴이 될거야."

하나님은 아브라함에게 그 희생제물 가운데를 지나가도록 요구하지 않으셨습니다. 왜냐하면, 그가 이 약속을 지킬 수 없는 연약한 존재인 것을 아셨기 때문이지요. 그럼에도 불구하고 이 약속 의식을 통해서 그가 하나님이 하신 약속을 잊지 말기를 바라셨던 겁니다. 그의 믿음이 금방 사그러져 버릴 믿음이 아니라, 굳게 세워질 믿음으로 전진하기를 바라는 마음이셨던 것이지요. 하나님은 아브라함이 사라의 제안을 거절하기를 바라셨던 겁니다.

두 번째 설득은, 미래에 대한 약속입니다. 하나님은 아브라함의 후손이 가나안 땅에서 어떤 존재가 될 것인지 말씀하십니다. 아브라함이 낳은 자식의 후손이 가나안 땅을 떠나 다른 지역으로 이주할 것이며, 그곳에서 고통을 당할 것을 예언하십니다. 그러나 그 고통을 하나님께서 벗어나게 하실 것이며, 다시 가나안 땅으로 돌아올 것인데, 이 땅의 죄악을 심판하려는 하나님의 도구가 될 것이라는 말씀을 해 주셨습니다. 이 설득을 하실 때, 짙은 어둠이 깔린 가운데 하셨기 때문에 아브라함은 두려움을 느꼈습니다. 주님이 하나님의 진노의 대상으로 아브라함이 살고 있는 가나안 땅의 족속의 이름을 열거하실 때, 아브라함의 기분이 어떠했을까요? 아브라함에게 이것이 얼마나 설득력이 있었는지는 모르겠습니다. 그러나 이러한 예언의 말씀이 아브라함의 자손에게는 분명히 설득력이 있는 메시지였던 것은 사실입니다.

하나님은 동물을 둘로 쪼개서 배열하게 하시며, 짙은 어둠을 깔리게 하여 무거운 분위기를 만드시고, 아브라함의 후손의 운명에 대하여 약속하심으로 아브라함이 자손에 대한 하나님의 약속을 진지하게 받아들이도록 설득하셨습니다. 이것이야말로 하나님의 은혜입니다. 은혜는 우리를 있는 그대로 받아 주시는 사랑입니다. 흔들리고 넘어지는 우리의 믿음 때문에 하나님은 우리를 사랑하지 않으실 것이라는 생각은 성경이 우리에게 말하는 믿음이 아닙니다. 그분의 사랑은 우리의 모든 허물을 덮으십니다. 그러나 우리가 현재의 자리에 머물러 있기를 원하지 않으신다는 것도 중요한 사실입니다. 그 믿음이 계속 자라기를 바라십니다. 하나님의 은혜는 우리를 있는 그대로 받아 주셨다는 사실에 안식을 누리면서, 계속 전진하기를 바라시는 사랑입니다.

이 세상의 어느 강한 믿음의 소유자라도 다 불완전한 믿음의 소유자입니다. 오로지 예수 그리스도 한 분만이 온전한 믿음을 가지신 분이셨습니다. 우리가 현재 하나님의 자녀라고 말할 수 있는 것은 우리의 부족한 믿음일지라도 온전하게 받아 주시고 의롭다고 여겨 주시기 때문입니다. 그래서 우리는 힘을 다하여 더 나은 믿음으로 전진해야 합니다. 비록 실패한다 할지라도. 그 실패한 자리에 하나님의 은혜가 우리를 기다리고 있습니다. 하나님은 우리가 그 자리에 들어가기를 원하셔서 우리를 설득하십니다. 환경을 통하여, 말씀 공부를 통하여, 기도를 통하여, 사람을 통하여 우리를 설득하십니다. 포기하지 않으십니다.

묵상과 적용을 위한 질문

1. 하나님께서 당신을 설득하신 경우를 간단하게 피력해 보십시오

2. 설득하시는 하나님이라는 사실이 여러분에게 어떻게 다가오는지요?

 나만의 묵상 메모

오늘 묵상을 통해 주신 깨달음에 대해 직접 기록해 보세요.

🙏 저자와 함께 하는 한 줄 기도

주님께서 저를 설득하실 때, 그 뜻을 잘 알아들을 수 있기를 원합니다. 어떤 통로로 저에게 주님의 뜻을 전달하시더라도 제가 제대로 알아듣기를 원합니다. 주님께서 제가 알아들을 수 있도록 설득하신다는 사실에 감사드립니다.

 기·도·와·결·단

오늘 묵상한 말씀의 적용과 삶의 결단을 담아 자신의 기도를 적어 보세요.

Day 9

하나님의 뜻을 파악하지 못하는 이유

오늘의 본문

창세기 16:1-5 (NKRV)

¹아브람의 아내 사래는 출산하지 못하였고 그에게 한 여종이 있으니 애굽 사람이요 이름은 하갈이라 ²사래가 아브람에게 이르되 여호와께서 내 출산을 허락하지 아니하셨으니 원하건대 내 여종에게 들어가라 내가 혹 그로 말미암아 자녀를 얻을까 하노라 하매 아브람이 사래의 말을 들으니라 ³아브람의 아내 사래가 그 여종 애굽 사람 하갈을 데려다가 그 남편 아브람에게 첩으로 준 때는 아브람이 가나안 땅에 거주한 지 십 년 후였더라 ⁴아브람이 하갈과 동침하였더니 하갈이 임신하매 그가 자기의 임신함을 알고 그의 여주인을 멸시한지라

저자 해설 및 묵상

우리가 신앙생활 하는 가운데 믿음대로 살아가지 못할 때 많이 인용하는 구절이 있습니다. "마음은 원이로되 육신이 연약하여…" 우리의 마음이 행동으로 구체화하지 못했을 때 떠오르는 구절이지요. 우리가 선택해야 할 것이 무엇인지는 분명히 알겠는데, 그리고 그것

을 선택하고 싶은데, 현실적으로는 그것을 선택하지 못하는 경우를 두고 이렇게 말하곤 합니다.

아브라함도 그런 딜레마에 빠져버렸던 적이 있었습니다. 아내 사라가 그에게 자기의 여종 하갈을 주어 후사를 얻도록 했을 때였지요. 그는 얼마전에 하나님께서 자식을 주겠다고 그토록 강조를 하시고 또 하셨건만 그만 사라의 제안을 받아들여 여종 하갈과 동침하고 맙니다. 그리고 둘 사이에 이스마엘이 태어납니다. 혹자는 아브라함의 잘못된 선택 때문에 나중에 이슬람이라는 악의 열매가 나오게 되었다고 믿습니다. 이스마엘을 불신앙의 열매로 간주하지요. 그리고 그 열매 때문에 현재 이슬람이 출현해서 기독교/유대교를 대적한다고 본답니다. 한국과 미국의 개신교인 대부분이 그렇게 생각하기도 합니다. 그런데 과연 정말 그럴까요? 이 부분은 나중에 따로 다루도록 하겠습니다.

하나님의 열정어린 설득에도 불구하고, 아브라함은 아내 사라의 제안을 듣고 그만 하나님의 굳건한 약속에 대한 믿음이 흔들리게 됩니다. 하나님의 능력에 의문이 생긴 것이 아니라, 하나님의 약속을 어떻게 해석해야 하느냐에 마음이 복잡하게 되었습니다. 아브라함은 선택의 기로에 서있었습니다. 아내 사라의 제안을 받느냐 마느냐를 선택해야 했기 때문이지요. 아브라함은 분명히 하나님께서 자식을 주겠다고 하셨고, 그 약속이 확실하다는 것을 강조하기 위해서, 쪼개 놓은 희생제물 사이를 지나가셨습니다. 이렇게 인상깊은 경험을 했는데, 사라의 제안에 그만 흔들리고 맙니다. 아브라함은 왜 흔들렸을까요?

아브라함은 어쩌면 하갈을 취하는 것이 하나님의 뜻이라고 판단했기 때문일 겁니다. 그러면 아브라함은 왜 사라의 제안을 하나님의 뜻일 줄도 모를 거라고 판단했을까요? 아브라함은 당시 그 시대의 남성치고는 꽤 유별난 사람이었던 것 같습니다. 당시에는 일부다처제가 당연시되었던 시대였습니다. 더구나, 여자가 아이를 낳지 못할 경우, 후처를 들여서 자식을 보는 경우가 당연했던 시대였지요. 그런데 아브라함은 유별나게도 사라 외에는 다른 여자를 취한 적이 없습니다. 당시의 결혼 연령을 보면, 30대 정도였는데, 지금 아브라함이 나이가 85세이니, 거의 50여년을 사라 한 사람만 보고 있었으니 참 특이한 부부 사이라 할 수 있습니다. 아이가 없으면 신의 저주라고 여겼던 그 시대에 말입니다.

그러면 아브라함이 사라를 그렇게도 사랑해서 오직 사라만 바라보았기 때문이었을까요? 만약에 그런 것이라면, 아브라함은 사라를 다른 남자에게 넘기는 짓은 하지 말았어야 합니다. 그가 사라한테 자기를 사랑한다는 증거로 다른 남자에게 갈 수 있어야 한다는 말도 안되는 요구를 한 것을 보면, 지극히 자기 중심적인 인물입니다. 그에게 사라를 향한 애틋한 사랑이 있었을까요? 무척 궁금하네요. 하기사 나중에 사라가 죽고 나서야 다른 여자를 첩으로 두는 것을 보면, 죽기까지 한 사람만 바라보는 남자는 아니었던 것 같네요. 여느 남자와 다를 바 없었습니다. 이렇게 여느 남편과 다를 바 없는 아브라함이 아내 외의 다른 여자를 두 번째 아내로 거두지 않았던 것은 무슨 이유 때문일까요? 당시에는 관례로 여겨진 것을 왜 아브라함은 하지 않았을까요? 아니 어쩌면 하지 못했을 가능성도 있지 않았을까요? 각자의 상상에 맡기겠습니다.

사라에게는 아이가 없었기 때문에 집안의 부인으로서 항상 떳떳하지 못한 약점으로 남아 있었습니다. 그것 때문에 다른 남자에게로 넘겨져도 아무 말도 하지 못했던 적도 있었지요. 그런데 첩을 얻는 것에 대한 것은 가나안 땅에 오기도 훨씬 전에 벌어질 수 있었습니다. 그런데 그 오랜 기간 동안 사라 외에는 거둔 여자가 없으니, 참 이상하기도 합니다. 아브라함은 사라의 허락이 없이는 다른 여자를 옆에 둘 수가 없었던 것 같습니다. 그 둘의 관계가 참 특이하기만 합니다.

한편, 오랫동안 다른 여자를 조금도 허락하지 않았던 사라가 아브라함에게 자기의 여종 하갈을 취하라고 했을 때, 아브라함은 이것을 어떻게 받아들였을까요? 그동안 아이 문제로 서로 기분이 상하기도 하고, 다투기도 했을 텐데, 이제는 다른 여자를 취해서 아이를 가지라는 사라의 제안이 얼마나 생소했을까요?

이건 결혼 후 50여년 간 한 번도 있어본 적이 없는 큰 사건이었습니다! 아브라함으로서는 아예 이런 생각을 접어버린 지 오래되었기 때문이지요. 한마디로 대단한 기적입니다! 하나님이 개입하지 않았으면 일어날 수 없는 일이 일어난 겁니다. 어찌 사라가 다른 여자를 자기에게 소개할 수 있다는 말인가요! 이런 일이 자기에게 일어날 거라고는 꿈에도 생각해 보지 못했는데, 그 일이 지금 자기 앞에서 벌어진 겁니다.

아브라함은 이것을 하나님께서 마련해 주신 기회라고 생각할 수 있지 않았을까요? 지금까지 일어날 거라고 한 번도 생각하지 못했던 일이 자기에게 벌어졌으니 말입니다. 그렇다고 하나님의 섭리라고 백 프로 확신을 할 수는 없었을 겁니다. 사실, 하나님께서 바로 왕에게서 사라를 구해내신 정황으로 볼 때, 사라가 하나님의 약속의 통로인 것을 짐작할 수 있습니다. 하란에 있을 때 하나님께서 자식을 주겠다고 하셨던 정황을 보더라도, 하나님의 약속은 정실인 사라를 통해서 이루어질 것이라는 아브라함이 모를 리가 없지요. 그런데 사라가 이렇게 전격적으로 제안을 하니, 아브라함에게는 커다란 충격이었을 겁니다.

하기사 사라가 이렇게 제안을 하게 된 데는 전적으로 아브라함에게 그 책임이 있습니다. 아브라함이 얼마전에 하나님으로부터 받은 약속을 사라에게 전하지 않았기 때문입니다. 만약에 사라가 하나님의 그 약속을 알고 있었다면, "주님께서 나에게 아이를 가지지 못하게" 하신다는 생각을 하지 않았을 겁니다. 아마도 더 기다리는 쪽으로 가닥을 잡았을 겁니다. 아브라함은 사라에게 하나님의 약속을 전달하지 않았을 가능성이 높습니다. 두 사람 사이에 놓여있는 소통의 부재가 보입니다.

하나님과 아브라함 사이에 오고간 내용이 무엇인지 전혀 알지 못하고 있는 사라로서는 더 이상 기다릴 수만 없었던 것 같습니다. 고향 땅 하란에 있을 때만 하더라도 어떻게든 견뎌보려고 했는데, 이제 타향살이를 하는 지금은 더 이상 견딜 수가 없었나 봅니다. 오죽이나 자식 보기를 원했으면, 남편이 '타향살이를 결심했겠습니까! 타지로 가서 잘못하면 생명을 잃는다는 게 두려워서 아내인 자기에게 대신 희생을 요구할 정도로 겁쟁이인 남편입니다. 그리고 그 염려가 현실이 된 적도 있습니다. 사라는 없는 자식 때문에 더 이상 이런 고통을 겪지는 말아야 겠다고 생각했는지도 모릅니다. 이제는 자기가 아니어도 상관없을 것 같습니다. 누군가 자기 남편을 위해서 자식을 낳아준다면 그것으로 자기의 무거운 짐을 놓을 수 있을 것 같았나 봅니다. 그럴 거면, 차라리 자기의 말에 순종할 여자가 생면부지의 외부 여인보다 더 낫다고 판단한 겁니다. 전에 이집트에 갔다가 바로 왕에게서 신부값으로 받은 여종 중 하갈이 가장 적합하다고 생각했을 겁니다. 젊기 때문에 아이를 갖는 것이 어렵지 않을 것입니다.

하지만 아브라함은 사라의 심정을 파악할 수가 없었던 것 같습니다. 전혀 일어날 수 없는 일이 일어났다는 사실에 놀라와 했을 뿐이지요. 하나님의 섭리가 아니면 이런 일이 어찌 일어날 수 있겠느냐고 감탄사만 연발했을 겁니다. 그런데, 여기서 한 가지 궁금한 점이 있습니다. 아무리 사라의 제안이 하나님의 섭리라고 생각했을지라도 아브라함은 좀 더 신중할 필요를 느끼지 못했을까요? 만약에 놀란 가슴을 진정시키고, 좀 더 냉철하게 상황을 파악하려고 했다면 어떤 조치를 취할 수 있었을까요?

나는 두 가지 조치를 취할 수 있을 거라 생각해 보았습니다. 하나는, 사라에게 자기가 얼마전에 환상 가운데 하나님을 만난 것에 대해서 말해 주어야 했을 겁니다. 그랬다면 사라가 나름의 판단을 내렸을 거지요. 또 하나는, 아브라함은 자기를 찾아오셨던 하나님께 다시 여쭈어 보았어야 했습니다. 그런데 여기에서는 그랬다는 얘기가 없네요. 그냥 사라의 제안을 덥석 물어버렸습니다.

그런데 여기서 또 하나의 질문을 던져 봅니다. 이 모든 것의 책임이 하나님께 있는 듯한 느낌이 들어서 말입니다. 다시 말해서, 하나님은 왜 지난번처럼 직접 찾아와서 말씀해 주시지 않았을까요? 직접 말씀해 주셨다면, 아브라함의 선택에 여유가 생기지 않았을까요?

인간은 한 번 어느 하나에 마음이 꽂히게 되면, 다른 소리를 들으려 하지 않는다는 겁니다. 목회자에게 자문을 구하겠다고 오는 성도들 중에는 이미 마음 속에 결정을 해놓고 찾아온 경우가 많습니다. 그들은 자신의 결정이 하나님의 뜻에 어긋나지 않는다는 확인을 받고 싶어서 목회자를 찾아오는 겁니다. 그래야 안심이 되기 때문이지요. 그래야 자신의 결정에 따른 우환이 생기지 않을 것이라 기대하기 때문입니다. 그것이 하나님의 뜻이면, 실패하지 않을 것이라는 '안심모드'가 작동하는가 봅니다. 대부분의 경우 목회자 제안을 듣고 결정하려는 것이 아니지요. 이미 마음이 가버렸으면, 그 마음이 돌아오는 것이 너무나 어렵다는 것을 잘 알고 있습니다. 하나님께서도 왜 사람의 결정 과정에 개입하지 않으시냐는 질문을 수없이 받으실 겁니다. 그럴 때면 하나님께서는, "내가 아무리 귀에다 확성기를 대고 소리쳐도, 이미 그들의 마음은 멀리 가 있다"라고 하실 겁니다. 아브라함도 어쩌면, 이미 그의 마음이 하갈에게 가 있기 때문에 하나님께 문의하지 않았을 겁니다. 만약에 했다 할지라도, 자기가 듣고 싶은 내용이 아니면 듣지 않았을 겁니다. 하나님께서 하갈이 아니라고 하셔도 아브라함은 듣지 못했을 겁니다. 그게 인간의 미묘한 마음이지요. 내가 듣고 싶은 것만 들으려는 성향이 인간 죄성의 일부입니다.

이렇게 하갈을 취하기로 결정한 아브라함은 하나님이 얼마 전에 하셨던 약속이 떠오르지 않았을까요? 하나님께서 자신의 생명을 걸고 설득하셨던 의미가 무엇인지 고민해 보지 않았을까요? 사라가 하나님이 약속하신 여인일 가능성을 완전히 무시하지는 못하지 않았을까요? 어쩌면 아브라함은 하갈을 취하면서도 그 선택에 대하여 완전히 자유롭지는 못했을 것 같습니다. 나름대로 하갈을 취하는 입장을 합리화하기는 했지만, 그럼에도 불구하고 2% 부족한 확신이기에 뭔가 자유롭지 못했을 겁니다.

그런데 하갈이 임신을 했다는 것을 알았을 때 어떤 생각이 들었을까요? 아브라함에게 2% 부족함 때문에 찝찝했던 기분은 바람에 안개 날려가 버리듯 휙 사라졌을 겁니다. 아이가 생겼다는 소식은 자신이 사라의 제안을 받아들여 하갈을 취한 것이 잘한 일이라는 확신이 들게 했겠지요. 아브라함은 하갈이 하나님께서 약속하신 여인이었다고 받아들입니다. 이제부터 그의 내면에는 찝찝한 그늘이 사라져 버렸습니다. 하갈을 받아들인 것을 하나님께서도 인정하셨다고 본 겁니다.

오히려 아이를 갖지 못한 원인이 자기가 아니라 사라에게 있다는 것도 드러나 버렸습니다. 물론 이미 아이를 갖지 못하는 책임은 사라의 어깨 위에 있었지만 말입니다. 그 당시에 아이를 갖지 못하면, 그 모든 책임이 여인들에게 씌워졌던 시대였으니까요. 아브라함의 마음은 가벼워졌고, 사라는 더 무거워져 버렸습니다.

묵상과 적용을 위한 질문

1. 당신은 어떤 방식으로 하나님의 뜻을 분별하십니까?

2. 하나님의 뜻을 분별하기 위한 기본기는 무엇입니까?

 나만의 묵상 메모

오늘 묵상을 통해 주신 깨달음에 대해 직접 기록해 보세요.

저자와 함께 하는 한 줄 기도

주님, 주님의 뜻을 알기 위해서 가장 중요한 것이 저의 마음이라는 것을 알았습니다. 저는 쉽게 제가 좋아하는 방향으로 마음을 정해놓고 주님께 구하는 성향을 가지고 있습니다. 제가 저의 마음에 초점을 맞추기보다는 주님의 마음에 초점을 맞추기를 원합니다.

기·도·와·결·단

오늘 묵상한 말씀의 적용과 삶의 결단을 담아 자신의 기도를 적어 보세요.

_____
_____
_____
_____

Day 10

이랬다 저랬다 헷갈리는 주님의 뜻 알기

오늘의 본문

창세기 16:6-16 (NKRV)

⁶아브람이 사래에게 이르되 당신의 여종은 당신의 수중에 있으니 당신의 눈에 좋을 대로 그에게 행하라 하매 사래가 하갈을 학대하였더니 하갈이 사래 앞에서 도망하였더라 ⁷여호와의 사자가 광야의 샘물 곁 곧 술 길 샘 곁에서 그를 만나 ⁸이르되 사래의 여종 하갈아 네가 어디서 왔으며 어디로 가느냐 그가 이르되 나는 내 여주인 사래를 피하여 도망하나이다 ⁹여호와의 사자가 그에게 이르되 네 여주인에게로 돌아가서 그 수하에 복종하라 ¹⁰여호와의 사자가 또 그에게 이르되 내가 네 씨를 크게 번성하여 그 수가 많아 셀 수 없게 하리라 ¹¹여호와의 사자가 또 그에게 이르되 네가 임신하였은즉 아들을 낳으리니 그 이름을 이스마엘이라 하라 이는 여호와께서 네 고통을 들으셨음이니라 ¹²그가 사람 중에 들나귀 같이 되리니 그의 손이 모든 사람을 치겠고 모든 사람의 손이 그를 칠지며 그가 모든 형제와 대항해서 살리라 하니라 ¹³하갈이 자기에게 이르신 여호와의 이름을 나를 살피시는 하나님이라 하였으니 이는 내가 어떻게 여기서 나를 살피시는 하나님을 뵈었는고 함이라 ¹⁴이러므로 그 샘을 브엘라해로이라 불렀으며 그것은 가데스와 베렛 사이에 있더라 ¹⁵하갈이 아브람의 아들을 낳으매 아브람이 하갈이 낳은 그 아들을 이름하여 이스마엘이라 하였더라 ¹⁶하갈이 아브람에게 이스마엘을 낳았을 때에 아브람이 팔십육 세였더라

저자 해설 및 묵상

우리는 살아가는 인생의 길목마다 선택해야 할 지점에 서게 됩니다. 좌로 가야 할지, 우로 가야 할지, 아니면 아예 오던 길로 돌아가야 할지… 어디서 많이 들어본 것 같지 않은가요? 그렇습니다. 우리는 순간순간 선택해야 합니다. 그리고 제대로 된 선택을 위해서 우리는 하나님의 뜻을 찾으려고 기도도 하고, 성경도 읽습니다. 어떤 학교를 가야 할지, 어느 직장을 선택해야 할지, 배우자로 이 남자를 선택해야 할지, 저 여자를 선택해야 할지, 이 모든 것이 우리가 선택해야 할 것들입니다. 그렇지만 우리는 선택의 기로에서 참으로 많이 망설이지요. 왜 그럴까요? 그것은 내 선택의 결과에 대한 불안감 때문입니다. 혹시, 이 선택을 하면 내 인생에 어떤 결과로 나타날까요? 성공일까요, 실패일까요? 이런 것에 대한 불안감 때문에, 우리는 완벽한 선택을 원하고, 그렇게 되기 위해서 기도를 하기도 하고, 기도를 받기도 하고, 기도를 부탁하기도 합니다. 그러나 결국에는 내가 선택해야 하는 시점에 도달하게 되지요. 그런데 아십니까? 어느 것을 선택해도, 선택한 그 길을 가는 동안 성취감과 좌절감 모두가 있다는 겁니다. 기쁨도 있고, 고통도 있다는 겁니다. 각각의 경우에 따라 그 모양새가 모두 다르지만 말입니다.

하갈은 어느 날 사라가 불러서 가보니, 여주인의 남편 아브라함의 장막에 들어가라는 지시를 받습니다. 이집트에서 아브라함 집으로 팔려온 노예 신세였는데, 주인의 첩이 되라는 여주인의 지시에 하갈은 얼마나 놀랐겠습니까! 당시로 보면, 인생이 달라지는 순간이지요. 그렇게 해서, 하갈은 주인 아브라함의 침실에 들어갔고, 그의 아이가 들어섰습니다. 하갈은 온 세상이 자기를 위해 있는 것처럼 느껴졌을 겁니다. 이제는 누구의 눈치를 볼 필요도 없게 되었지요. 주인의 아이를 가졌다는 것 하나로 말입니다. 그러자 기고만장한 태도가 서서히 드러납니다. 아이 낳지 못하는 여주인을 무시하기 시작합니다. 자기가 안주인이 된 것 같았던 거지요. 이런 하갈의 태도가 사라의 염장을 질러버립니다. 여주인이 갖지 못한 자식을 여종인 자기가 가졌으니, 자기의 앞날이 비 온 뒤 활짝 개인 푸른 하늘처럼 창창할 것이란 기대감에 가슴이 벅찼을 겁니다.

이런 하갈이 사라의 눈에 고울 리가 없습니다. 마치 안주인이 된 듯 거들먹거리는 꼴이 가관이었을 것 같습니다. 가뜩이나 속이 푹푹 썩어 들어가는 사라로서는 이런 꼴을 그대로 참을 수가 없었나 봅니다. 남편을 찾아가서 항의를 합니다. 그런데 아브라함의 반응이 참 꼴불견입니다. 이제 하갈을 취해서 자식을 갖게 되었으면, 사라는 사라대로 하갈은 하갈대로 교통정리를 해 줘야 할 책임이 자기에게 있습니다. 하지만 아브라함이 하는 반응을 보십시오. 참, 어처구니가 없지 않은가요? "당신의 종이니, 당신 마음대로 할 수 있지 않소? 당신이 좋을 대로 그에게 하기 바라오." 아니, 이게 한 가정의 가장으로서 할 말인가요? 이런 태도는 자기가 책임져야 할 부분을 그대로 방기하고 있는 겁니다.

그러면, 아브라함은 왜 이런 태도를 보이고 있을까요? 만약에 하갈을 취한 것이 하나님의 뜻으로 확신했다면, 사라에게 이렇게 얘기하지 않았을 것 같습니다. 그에게 임신한 하갈은 비록 비천한 여종

출신이지만 한 식구입니다. 그러면, 격하게 항의하는 사라의 마음을 달래고, 하갈을 엄히 꾸짖어야 했습니다. 한 식구 안에서 지켜야 할 질서가 있기 때문이지요.

그러나 아브라함은 사라와 하갈에게 취할 어떤 조치도 하지 않았습니다. 그는 사라가 와서 하갈의 잘못을 가지고 자기를 추궁하자 그만 뒤로 물러서고 맙니다. '뭐라고? '하갈은 원래 내가 원해서 나한테 온 여자가 아니잖아! 당신이 준 여자 아니야? 그러니까, 당신이 불만이 있으면 당신이 걔한테 뭐라고 해. 왜 나한테 불평이야!' 라고 내뱉고는 다른 장막으로 들어가 버립니다.

어쩌면 아브라함은 하갈을 취하면서도 뭔가 찜찜한 구석이 있었던 것 같습니다. 하지만 하갈이 임신을 하니, 하나님이 주신 여인으로 생각했을 겁니다. 그런데 사라가 와서 하갈에 대한 불평을 단단히 하니, 그만 그 생각을 저버렸습니다. 사라의 거센 항의가 자신의 생각을 모두 산산조각 내버렸습니다. 하갈에 대한 고마운 마음에도 금이 나버렸습니다. 아이가 생기는 바람에 하갈을 하나님의 뜻이라고 생각했다가, 사라의 거친 항의에 그만 하나님의 뜻에 대한 확신이 서질 않습니다. 아브라함은 그만 하갈을 버립니다.

사라의 하갈을 향한 학대는 정말 도무지 견딜 수가 없을 정도였던 것 같습니다. 하갈은 죽음을 무릅쓰고 도망쳤습니다. 그 당시에 노예가 도망친다는 것은 곧 죽음이었습니다. 게다가 여인의 몸으로 도망친다는 것은 더더군다나 살아남기가 어렵습니다.

하지만 도망친 노예 하갈에게 하나님이 찾아오십니다. 아브라함과 사라의 잘못된 선택으로 여종 하갈이 임신을 했습니다. 이 아이는 어떻게 보면, 하나님의 뜻을 벗어난 두 사람의 선택의 결과였기에, 하갈의 뱃속에 있는 아이를 외면할 수도 있습니다. 그러나 하나님은 두 사람의 희생자인 하갈을 그대로 두지 않으셨습니다. 그녀를 찾아오셨습니다. 그리고는 하갈에게 다시 주인집으로 돌아가라고 하십니다. 그녀가 낳을 아이를 하나님께서 복을 내리시겠다는 약속과 함께 말입니다.

12절에 나온 "들나귀 같이 되리니 그의 손이 모든 사람을 치겠고 모든 사람의 손이 그를 칠지며 그가 모든 형제와 대항해서 살리라"는 의미가 현재 이슬람과 기독교와의 갈등으로 해석하는 경우가 많습니다. 그러나 그것은 정확한 해석이 아닙니다. 여기의 "들나귀"는 어느 누구도 길들일 수 없는 존재가 될 것을 의미합니다. 형제들이 이스마엘을 함부로 종 부리듯이 하지 못할 정도로 강한 존재가 될 것이라고 주님께서 약속해 주신 겁니다. 이것은 하갈이 종의 신분이었기에 하나님께서 약한 그녀를 배려한 조치라고 보는 것이 타당합니다. 세상에서는 의도하지 않은 생명을 쉽게 처리하는 경우가 많습니다. 하지만 하나님은 그러한 경우라 할지라도 한 생명으로 귀중하게 여기십니다. 그 생명도 하나님의 형상을 입은 귀한 인격으로 대하신다는 것을 보여주십니다. 하갈은 하나님의 지시를 따라 다시 주인집으로 돌아갑니다.

그러면 돌아온 하갈이 하나님을 만났던 이야기를 했다면, 아브라함은 어떤 생각이 들었을까요? 다시 생각을 바꿔서, '이 여인을 취한 것이 하나님의 뜻이었나?'라는 생각을 하지 않았을까요? 그리고 이스마엘을 품에 안았을 때 아브라함은 무슨 생각을 했을까요? '아, 이 아이가 하나님이 말씀하신 아이가 아니겠는가!'라고 감격했을 것 같습니다.

　그런데 13년 동안 하나님은 아브라함에게 침묵하십니다. 이 침묵을 아브라함은 하나님께서 이스마엘을 자기에게 주신 자식이라는 긍정적인 신호로 받아들였을 겁니다. 시간이 지나면 지날수록 그렇게 생각할 수밖에 없었을 겁니다. 나이가 들면 들수록 두 사람이 아이를 가질 수 있는 생리적 조건이 사라지기 때문입니다. 가면 갈수록 이스마엘이 자신의 정식 상속자인 것을 더 확신하게 되었을 겁니다. 신이 선택한 아이가 이스마엘이라고 말입니다.

　우리도 어쩌면 무엇이 하나님의 뜻인지를 헷갈려 하며 갈짓자 걸음을 걷고 있는지 모르겠습니다. 이랬다 저랬다 우왕좌왕 하며 살아가는 인생이 아닐까 합니다. 내가 원하는 대로 하나님의 뜻을 나의 선택 속에 쑤셔 넣고는 '나는 하나님 안에서 안전해' 라고 스스로 안위하고 있는 지도 모르겠습니다.

　아브라함이 보인 갈짓자 걸음걸이는 하나님의 뜻을 자기의 기호에 맞춰 재단을 했기 때문에 생긴 결과가 아니겠습니까! 하나님이 아이를 주시는 통로는 사라인 것을 하나님은 분명히 보여주셨습니다. 그 외에 다른 어떤 정황들도 하나님의 뜻에서 벗어난 겁니다. 그러나 자기에게 주어진 그 정황이 아무리 특별하고, 아무리 기적 같은 상황이라도 그것은 하나님의 뜻이 아니었습니다. 그런데 아브라함은 그것을 모르고 마구 비빔밥 비비듯이 비벼 놓았기 때문에 갈짓자 걸음걸이 인생이 되어버렸습니다.

　그럼에도 불구하고 하나님이 아브라함을 향해서 가고자 하시는 방향은 여전히 같은 방향입니다. 아브라함이 선택했던 인생길이 하나님의 뜻이 아닌 쪽이었지만, 그럼에도 불구하고 하나님은 아브라함의 인생길에 개입하시고 기획을 하시고 시행을 해 가십니다. 이것이 우리에게 한 줄기 희망의 빛이 됩니다. 우리의 선택이 불완전하여 엉뚱한 짓을 벌릴지라도, 우리가 그리스도 안에서 살려는 몸짓이 있는 한, 주님은 우리를 통하여 가시고자 하시는 길을 만들어 가실 것이기 때문입니다.

묵상과 적용을 위한 질문

1. 하나님의 뜻에 대하여 우왕좌왕했던 적이 있습니까? 어떤 문제가 있었습니까?

2. 잘못된 선택의 결과를 인간은 외면하나 하나님은 외면하지 않으신다는 것에 우리의 생각과 태도를 어떻게 수정해야 할까요?

오늘 묵상을 통해 주신 깨달음에 대해 직접 기록해 보세요.

🙏 저자와 함께 하는 한 줄 기도

주님, 제가 말씀을 읽되 아전인수격으로 읽지 않게 하소서. 점치 듯 하나님의 말씀을 대하지 않게 하소서. 제가 선호하는 쪽으로 말씀을 읽는 습관을 버리게 하소서. 말씀의 핵심을 찾아 저의 삶에 어떻게 반영해야 할지 찾아가게 하소서

🌱 기·도·와·결·단

오늘 묵상한 말씀의 적용과 삶의 결단을 담아 자신의 기도를 적어 보세요.

Day 11

예상을 뛰어넘으신 하나님의 의도

오늘의 본문

창세기 17:1-22 (NKRV)

¹아브람이 구십구 세 때에 여호와께서 아브람에게 나타나서 그에게 이르시되 나는 전능한 하나님이라 너는 내 앞에서 행하여 완전하라 ²내가 내 언약을 나와 너 사이에 두어 너를 크게 번성하게 하리라 하시니 ³아브람이 엎드렸더니 하나님이 또 그에게 말씀하여 이르시되 ⁴보라 내 언약이 너와 함께 있으니 너는 여러 민족의 아버지가 될지라 ⁵이제 후로는 네 이름을 아브람이라 하지 아니하고 아브라함이라 하리니 이는 내가 너를 여러 민족의 아버지가 되게 함이니라 ⁶내가 너로 심히 번성하게 하리니 내가 네게서 민족들이 나게 하며 왕들이 네게로부터 나오리라 ⁷내가 내 언약을 나와 너 및 네 대대 후손 사이에 세워서 영원한 언약을 삼고 너와 네 후손의 하나님이 되리라 ⁸내가 너와 네 후손에게 네가 거류하는 이 땅 곧 가나안 온 땅을 주어 영원한 기업이 되게 하고 나는 그들의 하나님이 되리라 ⁹하나님이 또 아브라함에게 이르시되 그런즉 너는 내 언약을 지키고 네 후손도 대대로 지키라 ¹⁰너희 중 남자는 다 할례를 받으라 이것이 나와 너희와 너희 후손 사이에 지킬 내 언약이니라 ¹¹너희는 포피를 베어라 이것이 나와 너희 사이의 언약의 표징이니라 ¹²너희의 대대로 모든 남자는 집에서 난 자나 또는 너희 자손이 아니라 이방 사람에게서 돈으로 산 자들 막론하고 난 지 팔 일 만에 할례를 받을 것이라 ¹³너희 집에서 난 자든지 너희 돈으로 산 자든지 할례를 받아야 하리니 이에 내 언약이 너희 살에 있어 영원한 언약이 되려니와 ¹⁴할

례를 받지 아니한 남자 곧 그 포피를 베지 아니한 자는 백성 중에서 끊어지리니 그가 내 언약을 배반하였음이니라 [15]하나님이 또 아브라함에게 이르시되 네 아내 사래는 이름을 사래라 하지 말고 사라라 하라 [16]내가 그에게 복을 주어 그가 네게 아들을 낳아 주게 하며 내가 그에게 복을 주어 그를 여러 민족의 어머니가 되게 하리니 민족의 여러 왕이 그에게서 나리라 [17]아브라함이 엎드려 웃으며 마음속으로 이르되 백 세 된 사람이 어찌 자식을 낳을까 사라는 구십 세니 어찌 출산하리요 하고 [18]아브라함이 이에 하나님께 아뢰되 이스마엘이나 하나님 앞에 살기를 원하나이다 [19]하나님이 이르시되 아니라 네 아내 사라가 네게 아들을 낳으리니 너는 그 이름을 이삭이라 하라 내가 그와 내 언약을 세우리니 그의 후손에게 영원한 언약이 되리라 [20]이스마엘에 대하여는 내가 네 말을 들었나니 내가 그에게 복을 주어 그를 매우 크게 생육하고 번성하게 할지라 그가 열두 두령을 낳으리니 내가 그를 큰 나라가 되게 하려니와 [21]내 언약은 내가 내년 이 시기에 사라가 네게 낳을 이삭과 세우리라 [22]하나님이 아브라함과 말씀을 마치시고 그를 떠나 올라가셨더라

저자 해설 및 묵상

이스마엘을 낳은 지 13년이 된 어느 날, 하나님께서 아브라함에게 느닷없이 나타나셨습니다. 그리고는 뒤통수를 때리는 말을 툭 던지십니다. 내년 이맘 때 사라를 통해서 아들을 보게 될 것이랍니다. 아니, 이게 무슨 자다가 봉창 두드리는 소리인가요! 아무리 하나님이라도 이건 아니다 싶습니다. 아브라함과 사라의 나이가 얼마인지 알고서 하는 말씀인가요? 도무지 하나님 속을 모를 지경입니다. 아브라함의 나이가 99세인데, 그리고 사라가 89세로 이미 생리가 멈춘

지가 언젠데, 이제 와서 자식을 가질 것이라 하시니 말입니다. 도무지 말이 안됩니다. 아브라함의 입에서 헛웃음이 새어 나올 수밖에요. 이스마엘이 아니면 아니라고 진작에 말씀하지 않다가, 13년이라는 세월이 지나고 나서야 아니라고 하니 어쩌란 말인가요! 하나님께서 이렇게 뒤통수를 쳐도 되는 건가요?

하나님이 이런 식으로 하신다면 누가 신뢰를 할 수 있단 말인가요? 내 주변에 이렇게 뒤통수를 맞아서 억울하다고 하소연한 사람들이 있었습니다. 기도하는 가운데, 그것도 높은 영성(?)을 가진 분들과 함께 기도하는 가운데 특별한 예언을 받았다고 합니다. 그래서 그 예언대로 움직였습니다. 하지만 그 결과는 예언과는 정 반대였으니, 얼마나 황당했겠습니까? 도무지 이해가 되지 않아 하소연하는 소리를 들어야했던 적도 있습니다.

그러면, 그게 정말 '뒤통수' 였을까요? 아브라함은 정말 하나님께 '뒤통수'를 맞았던 것일까요? 이 문제를 해결하기 위해서, 던질 질문이 하나 있습니다. 아브라함이 하갈을 선택할 때, 하나님께 문의를 했었는가요? 만약에 문의를 했다면, 어떤 방향으로 아브라함의 인생이 흘렀을까요? 하지만 애석하게도, 그는 하나님께 문의하지 않았습니다. 하나님도 가타부타 말씀하지 않으셨습니다. 하나님은 아브라함에게 하갈에 대한 하나님의 입장을 전혀 표명하지 않으셨습니다. 아니 그렇게 할 필요가 없었습니다. 하갈을 취하기 전에 하나님은 이미 그에게 정실인 사라를 통하여 아이를 가질 것을 여러 번 암시하셨기 때문이지요. 엄밀히 말하자면, 뒤통수를 맞은 게 아닙니다.

우리 사는 인생살이가 다 이런 식입니다. 내가 원하는 방향으로 하나님의 뜻을 될 수 있는 한 오랫동안 끌고 가고 싶은 유혹을 이기기 쉽지 않습니다. 그래놓고 나중에 잘못되면 하나님을 원망합니다. '나는 하나님의 뜻대로 했는데, 왜 이런 일이 나에게 벌어지느냐?' 고 말입니다. 내가 하나님에게 뒤통수를 맞았다고 여기고는 긴 시간 하나님을 신뢰하지 못했던 까닭이 그것이었습니다.

아브라함도 이렇게 우리와 비슷한 인간에 지나지 않았습니다. 그런 아브라함을 하나님은 다시 찾아오십니다. 무려 13년이 지나서 말입니다. 그나저나, 하나님은 왜 이제서야 자식을 주겠다며 다시 찾아오신 것일까요?

이 질문에 대한 실마리를 찾아보려면, 아브라함의 반응에 주목해야 합니다. 하나님이 나타나시자 아브라함은 최대한 공경의 표현으로 얼굴을 땅에 대고 엎드렸습니다. 그런데 자식 얘기를 듣자 실소를 금하지 못합니다. 농담처럼 여긴 겁니다. 그의 몸짓과 마음은 따로 움직이고 있습니다. 그는 엎드린 채 혼잣말로 중얼거립니다. "나이 백 살이 다 된 남자가 아들을 낳는다고? 또 아흔살이 되어가는 사라가 아이를 낳을 수 있다고?" 말도 안되는 소리 하지 말라는 표정으로 말입니다. 피식 웃을 만도 합니다. 사라의 생리가 완전히 멈추지 않았다면 혹시 모를까, 임신이 불가능하다는 것은 완전히 상식에 속한 것입니다. 그런 여인 어느 누가 아이를 가질 수 있겠습니까? 아브라함 자신도 이미 생식력이 없는 상태였으니 더더욱 어렵지 않겠는가요? 아브라함은 하나님이라도 이것만은 가능하지 않다고 여겼습니다. 그러니 헛웃음이 나오지 않을 수 없었을 겁니다. 완전히 엉뚱한 소리를 해대는 하나님이 참으로 얄밉고 원망스럽기도 했을 것 같네요. 그렇게 기다릴 때는 주지 않더니, 포기해 버린 지 언젠데 이제와서 주겠다니 참 얄궂은 신입니다.

그런데 이것을 바꿔 생각해보면 어떨까요? 다시 말해서, 사라가 임신을 더 이상 할 수 없을 때를 기다리신 것으로 말입니다. 그 날이 올 때까지 하나님께서 기다리셨다는 관점에서 보면, 이것은 아브라함에게 매우 놀라운 기회가 됩니다. 하나님과 새로운 차원에서 만나게 되기 때문입니다. 하나님의 짙은 의도성이 드러나는 대목입니다. 사라는 임신이 안되는 상태였어도, 여전히 생리는 있었으니, 이 때문에 언젠가는 아이를 가질 수 있다는 희망을 버릴 수 없었습니다. 그런데 생리가 완전히 멈추게 되면, 그 희망은 완전히 소멸하고 맙니다. 혹시나 하는 가능성은 완전히 사라지기 때문입니다. 아브라함도 사라도 모두 아이가 들어설 것을 포기해 버릴 수밖에 없습니다. 아브라함은 그 현실을 인정할 수밖에 없었고, 더 이상 하나님의 능력이 개입할 여지가 없다고 여겼을 겁니다. 아니, 어쩌면 13년이라는 시간을 보내면서 이스마엘을 하나님이 정하신 상속자라고 점점 마음을 굳혔는지도 모릅니다.

하지만 이스마엘은 아브라함이 하나님의 능력을 인정한 열매가 아닙니다. 하나님은 이런 아브라함에게 똑똑히 보여주시려는 바가 있었던 겁니다. 결코 임신이 가능할 수 없는 상태, 그 현실에 고개 숙이고 다른 가능성을 배제한 상태에서라야 하나님의 능력이 또렷이 나타나기 때문입니다. 만약, 사라가 아기를 갖는다면, 그건 전적으로 하나님의 능력 때문이라는 게 분명해지는 겁니다.

정리하자면, 하나님은 사라가 임신이 불가능한 시점까지 기다리셨습니다. 아브라함을 불러서 자식을 주시겠다고 하신 후 25년이 될 때까지 기다리셨지요. 그건 하나님도 인내가 필요한 시간이었을 겁니다. 이제나저제나, 아이를 바라며 기다리는 두 사람의 간절함에 하나님께서도 가슴이 저미셨을 겁니다. 안타까운 마음에 '옛다' 하고 서둘러 아이를 주시고 싶은 마음이 왜 없으셨을까요? 그럼에도 불구하고 자신들의 생리 조건이 갖춰진 때에 아이를 가졌다면, 그들은 하나님을 제대로 알지 못했을 것이 뻔합니다. 그들은 불가능한 것을 가능하게 만드시는 하나님의 능력을 절대로 인정하지 못했을 겁니다. 아이를 주신 것에 감사는 할 수 있었겠지만, 하나님의 '전능하심'을 감지하지 못했을 겁니다. 그저 자기들의 생식 능력에 하나님께서 조금 은혜를 보탠 것이라 여겨, 감사헌금 두둑히 넣는 것으로 퉁치고 말았을 게 아닌가요.

하나님도 약속대로 빨리 이뤄 주시면 아브라함 부부도 좋고, 하나님의 신용도도 높아져서 양쪽 모두에게 좋았을 법한데 말입니다. 하지만 그렇게 가지 않으셨습니다. 아브라함이 이리저리 신앙의 갈짓자 걸음을 하더라도, 아브라함이 알아야 할 매우 중요한 것을 가르쳐 주시기 위하여 25년을 기다리셨습니다. 아브라함이 얼마나 자식을 원하는지 아시면서도, 아무런 이유도 대지 않으신 채 25년이라는 세월을 기다리게 하셨습니다. 하나님도 그 때를 기다리면서 말입니다.

그러면 이런 하나님의 속사정을 미리 아브라함에게 알려주실 수도 있지 않았을까요? 왜 그 사실을 알려주지 않으셔서, 아브라함도 고생하고 하나님도 고생하셨는지 의문이 듭니다. 성경 어디에도 이에 대한 해명을 찾을 수 없습니다. 하지만 짐작을 할 수는 있을 것 같습니다. 인간이 가진 연약한 속성을 이해한다면 말입니다. 어쩌면, 하나님께서 그렇게 기다려야 하는 이유를 설명했더라도 아브라함은 하나님의 속 뜻을 이해할 수는 없었을 겁니다. 그들의 초점은 아이였던 반면에, 하나님의 초점은 아브라함에게 있었기 때문이지요. 하나님은 그들의 아이가 오로지 하나님의 능력으로만 가능했다는 것을 각인시켜 주고 싶었지만, 그들에게는 오로지 아이만 있으면 되었기 때문입니다. 아브라함이 생명의 주인이 여호와 하나님이신 것을 제대로 배울 수 있어야 했기 때문입니다. 하나님의 기다림은 아브라함의 자손 번성이 철저하게 하나님에게 달려있다는 것을 잊지 않게 하기 위한 하나님의 의도였습니다.

'하나님의 기다림'에 시간을 맞춰 산다는 게 여간 어려운 일이 아닙니다. 인간은 하나님의 시간이 아니라 자기가 필요한 시간에 맞춰 사는 데 익숙해 있기 때문입니다. 슬로우 푸드가 몸에 좋은 건 잘 알겠지만, 당장 배고프면 라면 물 올려 놓기 바쁜게 현실입니다. 그러니 저리 긴 시간 뜸 들이지 않고 바로바로 약속을 이루셨다면 얼마나 좋았겠습니까. '누이 좋고 매부 좋다' 는 말이 있지만, 아브라함도 좋고 하나님도 좋은 일 아닐까요?

그건 좋은 게 다 좋은 건 아니라는 걸 모르는 소리입니다. 당장 입에 단 게 몸에도 좋은 건 아니니까 말입니다. 더러는 기다림의 쓴 맛이 필요할 때가 있지요. 그게 약이 되고 힘이 될 때가 있는 겁니다. 아브라함을 다루시는 하나님의 방식도 그렇습니다. 이리 휘청 저리 휘청, 갈피를 잡지 못한 걸음걸이로라도, 도착해야 할 지점에 정확히 데려다 놓으시려는 겁니다. 하란부터 여기까지의 스물 다섯 해, 그 긴 세월을 통해 아브라함이 가져야 하는 것은 단지 '자식'만이 아니었습니다. 아브라함은 '하나님의 하나님 되심'을 정확히 알아야 했지요. 하나님의 '약속'보다, 약속하시는 '하나님'의 능력을 제대로 배워야 했습니다. 그런고로 아브라함의 지난 이십 오 년은 하나님의 약속이 자기의 잔머리나 잔재주로 실현되는 것이 아니라는 것, 그 약속은 오롯이 하나님의 말씀과 능력으로만 현실이 될 수 있다는 것을 배우는 인생의 훈련장이었던 겁니다.

아무튼 하나님께서는 불임의 몸이 된 사라를 통해 자식을 약속하셨습니다. 그리고는 두 사람의 '이름'을 바꿔 주십니다. 아브람이 '아브라함'이 되었고, 사래가 '사라'가 되었습니다. 이름을 바꾸는 것은 이스라엘 사람들에게는 매우 중요한 사건이라고 합니다. 특히 성경 인물의 이름이 바뀔 때는 인생의 의미있는 변곡점이 됩니다. '야곱'이 그랬고, 예수의 사도가 된 '사울'이 그랬지요. 그런 의미에서 보자면, 아브라함과 사라의 이름을 바꿔 주시는 이 장면도 매우 중요한 사건이라 할 수 있습니다. 새로운 생명을 얻게 될 두 사람에게 새로운 삶의 방향을 선택할 것을 하나님께서 요구하신 겁니다.

묵상과 적용을 위한 질문

1. 당신의 생각과는 전혀 다른 결과가 도출되었을 때가 있었습니까?

그것을 어떻게 소화했었는지요?

2. 하나님께서 우리로 하여금 오래 기다리게 하시는 이유를 어느 정도 짐작을 하시는지요?

 나만의 묵상 메모

오늘 묵상을 통해 주신 깨달음에 대해 직접 기록해 보세요.

 저자와 함께 하는 한 줄 기도

　주님, 저는 제가 필요한 것을 얻는 것에 온 신경을 집중하게 됩니다. 그것만 얻으면 다 되는 것처럼 말입니다. 그러나 하나님은 그것을 얻을 제가 어떤 믿음의 자리에 설 수 있을까에 관심을 가지신 것을 알았습니다. 하나님의 응답이 더디다고 느껴질 때에, 주님을 신뢰할 수 있기를 원합니다.

기·도·와·결·단

오늘 묵상한 말씀의 적용과 삶의 결단을 담아 자신의 기도를 적어 보세요.

_____
_____
_____
_____
_____

Day 12

믿음의 표징을
요구하시는 하나님

오늘의 본문

창세기 17:9-25 (NKRV)

⁹하나님이 또 아브라함에게 이르시되 그런즉 너는 내 언약을 지키고 네 후손도 대대로 지키라 ¹⁰너희 중 남자는 다 할례를 받으라 이것이 나와 너희와 너희 후손 사이에 지킬 내 언약이니라 ¹¹너희는 포피를 베어라 이것이 나와 너희 사이의 언약의 표징이니라 ¹²너희의 대대로 모든 남자는 집에서 난 자나 또는 너희 자손이 아니라 이방 사람에게서 돈으로 산 자를 막론하고 난 지 팔 일 만에 할례를 받을 것이라 ¹³너희 집에서 난 자든지 너희 돈으로 산 자든지 할례를 받아야 하리니 이에 내 언약이 너희 살에 있어 영원한 언약이 되려니와 ¹⁴할례를 받지 아니한 남자 곧 그 포피를 베지 아니한 자는 백성 중에서 끊어지리니 그가 내 언약을 배반하였음이니라 ¹⁵하나님이 또 아브라함에게 이르시되 네 아내 사래는 이름을 사래라 하지 말고 사라라 하라 ¹⁶내가 그에게 복을 주어 그가 네게 아들을 낳아 주게 하며 내가 그에게 복을 주어 그를 여러 민족의 어머니가 되게 하리니 민족의 여러 왕이 그에게서 나리라 ¹⁷아브라함이 엎드려 웃으며 마음속으로 이르되 백 세 된 사람이 어찌 자식을 낳을까 사라는 구십 세니 어찌 출산하리요 하고 ¹⁸아브라함이 이에 하나님께 아뢰되 이스마엘이나 하나님 앞에 살기를 원하나이다 ¹⁹하나님이 이르시되 아니라 네 아내 사라가 네게 아들을 낳으리니 너는 그 이름을 이삭이라 하라 내가 그와 내 언약을 세우리니 그의 후손에게 영원한 언약이 되리라 ²⁰이스마엘에 대하여는 내가 네 말을 들었나니 내가 그에게 복

을 주어 그를 매우 크게 생육하고 번성하게 할지라 그가 열두 두령을 낳으리니 내가 그를 큰 나라가 되게 하려니와 ²¹내 언약은 내가 내년 이 시기에 사라가 네게 낳을 이삭과 세우리라 ²²하나님이 아브라함과 말씀을 마치시고 그를 떠나 올라가셨더라 ²³이에 아브라함이 하나님이 자기에게 말씀하신 대로 이 날에 그 아들 이스마엘과 집에서 태어난 모든 자와 돈으로 산 모든 자 곧 아브라함의 집 사람 중 모든 남자를 데려다가 그 포피를 베었으니 ²⁴아브라함이 그의 포피를 벤 때는 구십구 세였고 ²⁵그의 아들 이스마엘이 그의 포피를 벤 때는 십삼 세였더라

저자 해설 및 묵상

하나님은 아브라함이 무척 놀랄만한 말씀을 하셨습니다. 그동안 자신의 상속자라고 여기며 키웠던 이스마엘이 하나님이 정한 상속자가 아니라는 말씀은 폭탄선언이었습니다. 하나님은 하나님이 어떤 신인지 아브라함이 알기를 원하셨습니다. 지금까지 아브라함의 안목을 넓혀 주셨지만, 이제 하나님께서 하실 일은 아브라함의 인식의 한계를 넘어서는 것이었습니다. 아브라함이 하나님의 말씀에 기가 차서 말이 안나온다는 식의 웃음을 조용히 터뜨렸을 정도였으니까요.

그런데 이렇게 웃고 있는 아브라함에게 하나님은 믿음을 요구하십니다. 하나님이 지금 하시는 말씀을 받아들이라는 요구를 하시는 거지요. 그리고는 그 신뢰의 표징으로 할례를 요구하십니다. 아브라함이 하나님의 약속을 믿는다면 그 표징으로 할례를 행하라는 요구

였습니다. 만약에 '불가능한 현실'만 바라보고 믿지 않는다면, 할례의 명을 따르지 않으면 됩니다. 그렇게 되면, 아브라함은 더 이상 하나님의 백성으로 살 수 없게 됩니다. 그럴 경우 아이에 대한 약속이 무산될 수도 있지요. 혹시 아이를 가진다 할지라도 그 아이는 하나님의 약속 가운데 있을 수 없습니다. 할례는 하나님의 약속을 '믿고' 하나님의 백성으로 사는 삶을 살겠다는 표지이기 때문입니다.

하나님은 당신의 언약을 아브라함에게 여러 번 확증해 주셨습니다. 밤하늘의 별을 세어보게 하셨고, 쪼갠 희생제물 사이로 지나가시면서 당신의 약속이 반드시 이뤄질 것을 보증하셨습니다. 그것을 위해서 아브람과 사래라는 이름을 아브라함과 사라로 바꿔 주셨습니다. 이것은 하나님께서 무엇인가 새로운 것을 아브라함과 사라에게 하실 것을 시사한 것이지요. 할례를 명하신 것도 '내년 이맘 때'의 약속이 반드시 이뤄질 것임을 강조하신 것으로 보입니다. 하지만 지난 경우와 한 가지 다른 것은, 앞서의 확증에는 그 책임이 하나님께 있지만, 이번 것은 아브라함에게 책임이 있다는 겁니다. 이제부터는 일방적인 약속만 하지 않겠다는 하나님의 의지 표명입니다. 아브라함도 이제는 더 이상 약속의 수혜자로만 남아있지 말라는 메시지입니다. 하나님의 약속을 받은 자로서 감당해야 할 책임을 지겠다는 믿음을 보이라는 요구가 여기에 담겨있습니다. 이런 맥락에서 볼 때, 할례는 '순종'의 뜻을 보이는 징표라 할 수 있습니다.

아브라함은 하나님의 말씀에 따라 집안에 있는 성인 남자들에게 할례를 행했습니다. 이스마엘에게도 할례를 행하였고, 아브람 자신도 할례를 받았습니다. 하나님의 약속이 성취될 것이라는 '믿음'의 징표로 행한 할례였습니다. 그렇다면, 이름을 바꾸고, 할례를 행한 아브라함의 믿음은 이제 온전해졌을까요? 그 정도의 징표를 보였으니, 이제 하나님의 약속을 의심없이 믿게 되었을까요?

아쉽게도, 그렇지 못했던 것 같습니다. 이어지는 이야기가 그걸 증명합니다. 할례를 행한 지 얼마 되지않아, 아브라함이 그랄 왕 아비멜렉에게 사라를 넘겨 주는 이야기가 그겁니다(창 20장 참조). 이집트로 내려가 바로 왕 앞에서 벌벌 떨 때는 그렇다 치고, 지금 가나안 땅의 그랄 왕 앞에서 똑 같은 '짓'을 반복하는 건 변명의 여지가 없어 보입니다. 하나님께서는 분명히 "너의 아내 사라가 너에게 아들을 낳아 줄 것"이라고 말씀하셨기 때문입니다(17:19, 21). 그 약속을 듣고 이름까지 바꿨습니다. 할례도 행했습니다. 하지만 여전히 아브라함은 하나님의 약속을 온전하게 받아들이지 못했던 모양입니다. 하나님의 약속에 반신반의하면서 이름을 바꾸고 할례도 행한 것이 아닐까요? 그게 아니라면 '약속의 여인' 사라를 어떻게 아비멜렉에게 넘겨 줄 생각을 할 수 있을까요?

아무래도 아브라함의 믿음은 불합격입니다. 그가 받은 할례도 실격처럼 보입니다. 그런데 하나님께서는 이런 형편없는 믿음과 할례를 '소용없다' 하지 않으십니다. 아브라함도 포기하지도 않으십니다. 대체 무슨 까닭인가요?

하나님은 아브라함이 하나님의 약속을 충분히 소화하지 못했다고 여기셨던 모양입니다. 그도 그럴 것이 상식적으로 하나님의 약속이 가능할 수가 없었기 때문에, 아브라함의 흔들림이 전혀 어색하지 않습니다. 하나님은 아브라함의 믿음이 아직 덜 여물었다는 걸 알고 계셨던 겁니다. 아직 하나님을 제대로 알지 못하고 있는 것은 분명합니다. 물론 처음보다는 나아진 것은 사실이지만, 그의 믿음은 아직 불완전합니다. 그런데 하나님은 그런 아브라함을 충분히 이해하고 계셨고, 그가 끝내 믿음의 꼭지점에 도달할 것을 알고 계셨습니다. 아브라함의 지금 모습은 결승선에 도달한 믿음이 아니라는 걸 잘 아셨던 겁니다. 아브라함이 아직 과정 중에 있다는 것과 이러저런 부침을 겪고 난 후 끝내 결승선에 도달할 것이라는 걸 알고 계셨기에 기다려 주신 겁니다.

지금 우리의 믿음은 온전한가요? 지금 온전치 않다면 언제쯤 온전해질 수 있을까요? 그날이 오기는 올까요? 하나님의 은혜가 아니었다면, 우리는 그나마 지금 이 자리에 남아 있을 수도 없었을 것입니다. 우리는 자격 미달의 사람들이기 때문입니다. 하나님께서는 아브라함을 대하시듯 우리를 대하시기 때문에 우리에게도 희망이 있다는 겁니다. 비록 '지금'은 턱없는 순종이고 의심 섞인 믿음이어도, 하나님께서는 우리를 포기하지 않으십니다. 오래 두고 기다려 주십니다. 그저 기다리지만 않으시고 찾아와 간섭하시고 다루십니다. 끝내 '그 믿음'에 이르기까지 하나님의 자녀로 우리를 대해 주십니다. 이것이 하나님의 은혜입니다. 아무리 생각해도 이 은혜를 가볍게 여길 수가 없습니다. 성경은 아브라함의 인생 여정에 개입하셨던 하나님이 어떤 분인지를 이렇게 보여주고 있습니다.

묵상과 적용을 위한 질문

1. 하나님을 더 알아갈 수 있도록 하나님께서 당신에게 하셨던 일이 있는지요?

   _____
   _____

2. 믿음의 순종을 했다고 하여 우리의 믿음이 흔들리지 않는가요? 이럴 때 우리는 무엇을 의지해야 하겠습니까?

   _____
   _____

나만의 묵상 메모

오늘 묵상을 통해 주신 깨달음에 대해 직접 기록해 보세요.

_____
_____
_____
_____
_____

🙏 저자와 함께 하는 한 줄 기도

주님, 제가 주님이 누구신지를 좀 더 알기 원해서 취한 조치에 당황하지 않기를 원합니다. 그리고 어설프지만 주님의 명령에 순종하는 선택을 하기를 원합니다. 그 선택을 통해서 주님의 은혜 가운데 더 깊은 믿음의 길을 걸어가기를 소원합니다.

🌿 기·도·와·결·단

오늘 묵상한 말씀의 적용과 삶의 결단을 담아 자신의 기도를 적어 보세요.

_____
_____
_____
_____

Day 13

나그네를 섬기는 마음

오늘의 본문

창세기 18:1-8 (NKRV)

¹여호와께서 마므레의 상수리나무들이 있는 곳에서 아브라함에게 나타나시니라 날이 뜨거울 때에 그가 장막 문에 앉아 있다가 ²눈을 들어 본즉 사람 셋이 맞은편에 서 있는지라 그가 그들을 보자 곧 장막 문에서 달려나가 영접하며 몸을 땅에 굽혀 ³이르되 내 주여 내가 주께 은혜를 입었사오면 원하건대 종을 떠나 지나가지 마시옵고 ⁴물을 조금 가져오게 하사 당신들의 발을 씻으시고 나무 아래에서 쉬소서 ⁵내가 떡을 조금 가져오리니 당신들의 마음을 상쾌하게 하신 후에 지나가소서 당신들이 종에게 오셨음이니이다 그들이 이르되 네 말대로 그리하라 ⁶아브라함이 급히 장막으로 가서 사라에게 이르되 속히 고운 가루 세 스아를 가져다가 반죽하여 떡을 만들라 하고 ⁷아브라함이 또 가축 떼 있는 곳으로 달려가서 기름지고 좋은 송아지를 잡아 하인에게 주니 그가 급히 요리한지라 ⁸아브라함이 엉긴 젖과 우유와 하인이 요리한 송아지를 가져다가 그들 앞에 차려 놓고 나무 아래에 모셔 서매 그들이 먹으니라

저자 해설 및 묵상

아브라함은 마므레의 상수리나무 곁에 세 사람이 서있는 것을 발견했습니다. 그것도 태양이 뜨겁게 내리쬐는 대낮에 말입니다. 아브

라함은 그들이 길가던 나그네라고 생각했던 것 같습니다. 마침 점심 때가 되었기에 그들에게 다가가서 잠시 쉬었다 가라고 제안합니다. 아브라함이 이렇게 나그네를 영접한 것이 당시의 접대 풍습때문이었을까요? 오히려 그 당시에는 나그네는 나그네대로 현지민은 현지민대로 서로가 경계를 할 수밖에 없는 살벌한 삶이었습니다. 서로가 약탈을 하거나 약탈을 당하는 것이 다반사였기 때문입니다.

그러면 아브라함은 왜 이렇게 나그네를 극진히 대접을 했을까요? 아마도, 그 나그네들을 보면서, 자신이 고향 땅을 떠나 가나안 땅에 나그네로 살아가고 있는 처지와 같다는 동질감을 느꼈기 때문이 아닐까 합니다. 자기가 나그네로 살면서 가졌던 심리적인 어려움을 잘 알고 있었기 때문에, 지금 자기 눈 앞에 있는 세 나그네를 불쌍히 여기고 따뜻하게 맞이하게 된 것이 아닌가 합니다.

게다가 아브라함이 그 세 사람을 위해서 준비한 음식의 양이 너무 과도하게 많습니다. 송아지 한 마리면 대충 200kg 정도 된다고 하는데, 살코기만 발라내도 120kg 정도 되니, 나그네 세 명을 대접하는 양으로는 매우 많습니다. 밀가루 세 스아가 약 13kg 정도 되는데, 이것으로는 약 오육백 개의 빵을 만들 수 있다고 하니, 빵도 세 사람이 먹는 양이 아닙니다.

그러면 이렇게 많은 음식을 장만한 것은 무슨 이유 때문일까요? 아브라함은 아마도 그 세 사람만을 위하여 준비하지 않았던 것 같습니다. 그는 이 기회에 자기 집안의 식솔들 전체가 먹을 양을 준비하게 한 것 같습니다. 손님만이 아니라, 자기가 책임지는 식솔들을 염두에 둔 음식 장만입니다. 이러한 아브라함의 섬김을 통해서 이스라엘 후손들 안에 손님을 섬기는 풍습이 자리잡았던 것 같습니다. 부지불식 간에 천사를 섬기는 특권을 누릴지도 모른다는 설레임이 있는 풍습입니다. 또한 아브라함이 자기 장막에 사는 식솔들을 챙기는 모습이 아브라함의 장점으로 다가옵니다. 아브라함은 자기와 비슷한 형편에 있는 사람에게 동질감을 느끼고, 자기와 같은 어려움을 당하지 않도록 도우려는 마음을 가진 선한 사람임을 알 수 있습니다.

또 한 가지, 궁금한 점이 있는 것은, 나그네에 대한 아브라함의 태도입니다. 아브라함은 나그네에게 달려가서 그들 앞에서 몸을 땅에 굽혔습니다. 그리고 그들을 '주님'이라고 부릅니다. 이 태도가 이해가 잘 되지 않습니다. 그들이 무슨 상전이라도 됩니까? 그들은 지금 영낙없이 말라서 입술이 타들어가는 길가던 행인이었습니다. 그들을 호위하는 군대도 없습니다. 그들과 함께 온 대상의 무리도 없습니다. 그들은 그저 딱 세 사람 뿐이었습니다. 그런데 어찌하여 이렇게 극진한 태도를 보이는지 궁금합니다. 도움을 필요로 하는 나그네가 갑이고 도움을 주려는 아브라함이 을이 되어 있는 이 어색한 장면을 어떻게 이해를 해야 할까요?

아마도 당시 길가는 나그네들은 현지 토착민들이 있는 지역을 지날 때면 긴장할 수밖에 없었던 것 같습니다. 현주민들이 돌변하여 강도로 변할 수 있으니까요. 사사기에 보면, 세겜 성 사람들이 지나가던 사람들의 물품을 강탈했다는 기록이 있는 것을 보면 아주 동떨어진 추측은 아닐 겁니다. 이런 배경 때문에, 아브라함이 그들 앞으로 달려오는 것을 보면서 무척이나 긴장하여 아브라함을 경계할 수밖에 없었을 겁니다. 이것을 잘 아는 아브라함으로서는 자신이 그들을 해칠 아무런 의도가 없다는 것을 보여주기 위해서 그들 앞에 굽히고, 그들을 주인으로 모시는 태도를 보였다고 추측할 수 있습니다. 그들이 경계심을 풀고 편히 식사를 하고 피로를 푼 다음 다시 여행길에 나서도록 돕고 싶은 아브라함의 선한 마음의 발로라 할 수 있습니다.

이러한 비슷한 장면이 소돔 성을 찾아간 두 명의 천사를 맞이하는 롯에게도 나타납니다. 롯도 아브라함과 함께 있었던 전력이 있었으니 아마도 아브라함에게서 배운 것인지도 모르겠습니다. 아마도 이렇게 나그네를 섬기는 것이 이번 만이 아니었던 것 같네요. 이미 이전에도 이렇게 길 가는 나그네를 섬기는 것을 롯도 보고 배웠다고 할 수 있습니다. 아브라함은 이렇게 나그네를 섬기는 날이면, 자기 식솔들도 그 덕분에 넉넉히 먹을 수 있는 기회를 제공해 주는 넉넉함을 엿볼 수 있는 것 같습니다.

그런데 이런 선한 마음이 아브라함의 자식 문제를 해결할 수 있는 길을 제공해 주고 있다는 것을 누가 알았겠습니까! 아브라함은 단순히 나그네를 대접한 것이 아니라, 그를 찾아오신 하나님을 대접한 게 되었습니다. 하나님은 그의 이런 선한 마음을 아셨기에 그에게 접근하는 방법으로 이렇게 나그네의 모습으로 아브라함을 찾아가셨던 겁니다.

그러면 하나님은 왜 이렇게 굳이 인간의 모습으로 아브라함을 찾아가셨어야 했을까요? 거기에는 특별한 이유가 있지 않았을까요? 얼마 전에 아브라함에게 오셔서 내년 이맘 때에 태어날 자식에 대하여 약속을 하셨는데, 말씀대로 아이가 태어날 수 있도록 어떤 조치를 취하시기 위해 오신 것이 아닌가 생각됩니다. 그렇게 하지 않으면 둘 사이에서 아이가 생길 수 없기 때문이지요. 하나님과 천사들을 맞이한 것은 아브라함이지만, 정작 하나님이 만나시려고 한 사람은 아브라함의 아내 사라였을 가능성이 매우 클 것 같습니다.

묵상과 적용을 위한 질문

1. 하나님이 당신의 어떤 면을 좋게 여겨서 하나님 나라를 위하여 사용하실 수 있을까요?

2. 당신에게 딸려있는 식구와 직원들을 어떻게 바라봐야 하겠습니까?

나만의 묵상 메모

오늘 묵상을 통해 주신 깨달음에 대해 직접 기록해 보세요.

저자와 함께 하는 한 줄 기도

주님, 제게 있는 장점을 활용하셔서 주님의 뜻이 이뤄지는데 사용되기를 원합니다. 그리고 제가 돌봐야 할 사람들을 바라보는 저의 시선이 따뜻했으면 좋겠습니다. 그들의 입장을 잘 헤아릴 수 있도록 저의 마음이 더 풍성해지기를 구합니다.

기·도·와·결·단

오늘 묵상한 말씀의 적용과 삶의 결단을 담아 자신의 기도를 적어 보세요.

_____
_____
_____
_____

Day 14

약속을 이뤄가시는 하나님

오늘의 본문

창세기 18:9-15 (NKRV)

⁹그들이 아브라함에게 이르되 네 아내 사라가 어디 있느냐 대답하되 장막에 있나이다 ¹⁰그가 이르시되 내년 이맘때 내가 반드시 네게로 돌아오리니 네 아내 사라에게 아들이 있으리라 하시니 사라가 그 뒤 장막 문에서 들었더라 ¹¹아브라함과 사라는 나이가 많아 늙었고 사라에게는 여성의 생리가 끊어졌는지라 ¹²사라가 속으로 웃고 이르되 내가 노쇠하였고 내 주인도 늙었으니 내게 무슨 즐거움이 있으리요 ¹³여호와께서 아브라함에게 이르시되 사라가 왜 웃으며 이르기를 내가 늙었거늘 어떻게 아들을 낳으리요 하느냐 ¹⁴여호와께 능하지 못한 일이 있겠느냐 기한이 이를 때에 내가 네게로 돌아오리니 사라에게 아들이 있으리라 ¹⁵사라가 두려워서 부인하여 이르되 내가 웃지 아니하였나이다 이르시되 아니라 네가 웃었느니라

저자 해설 및 묵상

아브라함은 세 나그네가 식사를 하는 동안까지는 그들이 범상치 않은 인물이라는 것을 알아채지 못한 것 같습니다. 그러다가 그들이 아브라함의 아내 이름을 대며, 그녀가 어디 있는지 물었을 때, 속으

로 놀랐을 것 같습니다. "생면부지인 이들이 어떻게 아내의 이름을 알 수가 있을까?" 그런데 그 중 한 사람이 말하기를 내년 이맘때 다시 아브라함에게 오시겠다는 겁니다. 그게 다름이 아니라, 아브라함의 아내 사라가 아들을 낳을 것이라는 뜻입니다. 아브라함은 그제서야 지난번 하나님이 자기에게 나타나서서, 내년에 사라를 통해서 아이가 태어날 것을 말씀하시면서 하나님의 말을 믿는다는 징표로 할례를 요구하셨던 게 떠올랐을 겁니다.

그런데 사라가 장막 어귀에 서있다가 마침 이 말을 듣고는 속으로 웃었습니다. "나는 기력이 다 쇠진하였고, 나의 남편도 늙었는데, 어찌 나에게 그런 즐거운 일이 있으랴!"고 중얼거리기까지 하였습니다. 한마디로 말이 안 된다는 겁니다. 사라의 이런 반응은 마치 '약속'을 처음 듣는 것처럼 보입니다. 아브라함이 하나님의 약속을 사라에게 한 번도 말한 적이 없는 것처럼 말입니다. 만약 그런 거라면, 아브라함은 그야말로 하나님의 말씀을 믿지 못했다는 증거가 됩니다. 약속을 확실히 믿었다면 사라에게도 그 말을 전해 주었어야 했습니다. 그래야 사라와 잠자리를 같이 할 것 아니겠습니까? 그랬다면 사라가 이렇듯 터무니없는 반응을 보이지 않았을 겁니다.

만약 아브라함이 하나님의 말씀을 확실히 믿었다면 그랄 땅 왕 아비멜렉에게 사라를 넘기지도 않았을 겁니다. 하나님께서 분명하게 '내년 이맘때 사라에게 아들이 있을 것'이라고 말씀하셨기 때문입니다(17:19). 이런 정황을 보면, 아브라함은 하나님의 말씀에 반신반의했던 것 같습니다. 할례도 미심쩍은 마음으로 행했던 것 같고요, 그래서 이런저런 이야기를 사라에게 전하지 않았던 모양입니다. 그걸 중요하거나 심각한 사안으로 보지 않은 겁니다. 이러한 마음가짐이니 사라에게 잠자리를 요구했을 리도 없습니다. 아무리 하나님의 약속이라지만, 아브라함과 사라가 잠자리를 같이 하지 않으면 아이가 생길 수 없는 법입니다. 하늘을 봐야 별을 따는데 말입니다.

자, 이번에는 다른 경우를 생각해 보도록 하겠습니다. 아브라함이 하나님의 뜻을 전했는데, 사라가 그 말을 믿지 못한 경우 말입니다. 어느 날 뜬금없이 아브라함이 집안의 남자들은 할례를 해야 한다고 지시를 내리더니 정말로 모든 성인 남자들이 할례를 하느라 온 집안이 꽤 분주했을 겁니다. 온 집안 남자들이 끙끙거리며 아무 일도 못 하고 일 주일 정도 누워지내는 모습을 목격한 사라는 아브라함이 왜 이런 결정을 했는지 궁금하지 않았을까요? 사라는 이 궁금증을 그냥 묻었을까요, 아니면 아브라함에게 물었을까요? 두 사람의 관계가 정상이라면, 아브라함은 사라에게 그 이유를 말했을 가능성이 큽니다. 하지만, 사라는 자기가 생리 멈춘 지 오래 된 불임의 여인이라는 걸 누구보다 잘 알고 있었기에, 아무리 하나님이시지만, 이건 불가능한 일이라고 생각했을 겁니다. 그렇기 때문에 아브라함이 잠자리를 요구한다고 했어도 시큰둥했을 겁니다. 늘그막에 주책이라고 핀잔하며 돌아섰을 겁니다. 하나님의 약속에 대한 확신이 부족했던 아브라함이 그랬듯이, 사라의 믿음 없음 또한 두 사람의 잠자리를 요원하게 만들었을 겁니다. 그만큼 하나님의 약속을 오래 기다려야 했던 사라는 그만 지쳐버렸는지도 모릅니다.

이런 저런 상황을 염두에 두고 보면, 하나님께서 왜 인간의 모습으로 아브라함을 찾아왔어야 했는지를 가늠할 수 있습니다. 하나님께서 나타나셔서 명령하신 것을 아브라함은 다 순종했습니다. 이름도 바꾸고 할례도 행하였습니다. 아마 사라와의 동침도 시도했을 겁니다. 도리어 사라가 잠자리를 거절했을 가능성이 큽니다. 왜 갑자기 안 하던 짓을 하려는지 이해가 안됐을 테니까 말입니다. 여차저차 아브라함이 그 이유를 설명했다 해도 사라는 그 '말'을 쉽게 받아들일 수 없었을 겁니다. '말'만 그럴듯 했지 그동안 아무 일도 일어나지 않았기 때문입니다. 하란 땅을 떠날 때도 그 '말'만 믿고 남편 따라 여기까지 왔는데, 헛고생만 한 것 같은 느낌이었습니다. '하나님이 찾아오셔서 이러라 말씀하셨소' 하는 아브라함의 말을 귀담아 듣기 어려웠을 겁니다. 게다가 지금 사라는 아이를 가질 수 없는 몸이 아닌가요. 아브라함과 달리 사라는 하나님을 직접 만난 경험도 없었습니다. 다 아브라함을 통해 전해 들은 것밖에 없습니다. 그렇게 전해 들은 하나님의 약속 중에 이뤄진 것이 하나도 없었습니다. 그러니 내년 이맘때 아이를 주신다는 말이 곧이곧대로 들릴 리 없었을 겁니다. 어찌 믿을 수 있겠습니까! 이런 돌같은 사라의 마음을 바꾸시기 위해 하나님께서 '직접' 찾아오신 겁니다. 사라를 설득하고 상황을 정리하기 위해서 말입니다.

한편, 사라가 이 나그네가 하나님이신 것을 어떻게 알 수 있었을까 하는 의문이 생깁니다. 사라는 하나님께서 자기 이름을 "사라"라고 부르시는 것을 들었습니다(18:9). 자기 남편은 그 이름을 하나님께서 바꿔 주신 것이라고 했습니다. 그런데 그 새로 지은 이름 "사라"를 부르신 겁니다. 처음에는 길 가던 나그네라고 생각하고 음식을 대접했는데, 아니 이 양반이 느닷없이 자기의 '바뀐' 이름을 부르는 게 아닙니까! 게다가 얼마 전에 하나님이 남편에게 하신 말씀을 그대로 반복해서 들려 줍니다. 조금 전 아브라함의 진영에 나타난 나그네들이 어떻게 사라의 이름, 그것도 며칠 전 개명한 이름을 알 수 있었을까요? 보통 사람으로는 불가능한 일입니다.

사라는 그제야 자기들을 찾아온 나그네가 선지자 혹은 신적 존재라는 사실을 알아차린 것 같습니다. 그럼에도 '약속'은 믿질 못했습니다. 하나님 능력의 크기보다 자기 육체의 한계가 더 도드라져 보였기 때문입니다. '약속'이 '현실'을 이기지 못했던 것입니다. 그러니 속으로 웃을 수밖에 없었던 것 같습니다. 그런데 장막 안에 있는 나그네가, 장막 밖에 있는 사라의 웃음을 알아 채립니다. 어떻게 그걸 알았을까요? 사라가 깜짝 놀라고 맙니다. 너무 놀란 나머지 당황해서 웃지 않았다고 발뺌을 합니다. 하지만 누가 하나님을 속일 수 있겠습니까! "아니다, 네가 웃었다." 빼도 박도 못할 말씀을 들은 사라는 적잖이 당황했을 겁니다.

하나님께서 사라의 거짓말을 굳이 밝혀 내시는 까닭이 무엇일까요? 바로 사라 때문입니다. 사라가 '약속'을 믿도록 도우시려는 겁니다. 언뜻 보면, 하나님과 사라 사이에 진실게임을 하는 것 같지만, 하나님께서는 자식을 주겠노라고 하신 약속이 틀림없다는 것을 사라에게 확인시켜 주시려는 의도였습니다. 누구도 알 수 없는 사라의 속웃음까지 알아채신 분입니다. 이제 사라는 이분이 누구인지 똑똑히 알았습니다. 그러니 이분이 해 주신 '약속'을 더 이상 귓등으로 들을 수 없었을 겁니다.

하나님께서 인간의 모습으로 '직접' 사라와 아브라함을 찾아오신 까닭은 당신의 약속이 반드시 실현될 것임을 알리시기 위함이었습니다. 하나님의 약속을 믿고 두 사람이 동침할 수 있도록 도우신 겁니다. 그만큼 하나님은 당신의 약속을 이루시기 위하여 구체적으로 움직였던 겁니다. 두 사람을 설득하기 위한 하나님의 방문이라니, 실로 놀랍고 신비한 일이라 하겠습니다.

우리는 하나님의 사람이 되기 위해서는 완전한 믿음을 가져야 한다고 배웠습니다. 믿음이 없이는 하나님을 기쁘시게 못하기 때문이라는 성경 구절도(히 11:6) 이러한 가르침을 지원하고 있다고 배웠으니까요. 그런데 그 어느 누가 완벽한 믿음을 가질 수가 있겠습니까? 불가능합니다.

그러면 불완전한 믿음을 가진 우리를 어떻게 다루실 것인지 의문이 생깁니다. 그런데 이 의문은, 하나님께서 아브라함과 사라의 형편없는 믿음을 대하는 방식을 보면 해답이 나옵니다. '믿음 없음'을 꾸짖거나 내쫓지 않으시고 그들을 찾아가 설득하시는 '하나님의 열심'을 볼 수 있으니 말입니다. 그걸 보면 히브리서 저자가 말하는 믿음의 정체가 무엇인지 알 수 있습니다. 하나님께서 우리의 믿음을 기뻐하신다는 건 의심의 여지가 없습니다. 그러나 하나님께서는 우리의 믿음이 오락가락하는 것도 알고 계십니다. 요는 이것이지요. 비록 엎치락뒤치락 하는 믿음이지만 하나님께서는 그 믿음조차 귀하게 보십니다. 결론에 이르지 못한 과정을 나무라지 않으시고, 저 멀리 결론까지 우리 믿음을 끌고 가시더라는 겁니다. 이걸 이해하는 게 매우 중요합니다. 애석하게도, 이 중요한 사실을 자꾸 잊어버리거나 제대로 이해하지 못하는 게 우리가 아닙니까?

아브라함과 사라가 가진 믿음은 완벽한 믿음의 결승선에 도달한 믿음이 아니었습니다. 그들은 25년이라는 긴 세월을 지내며 하나님을 알아왔지만, 여전히 수준 미달의 믿음을 가지고 있었습니다. 하나님께서는 그 시원찮은 믿음을 불편하다 하지 않으셨습니다. 대신에 그들을 찾아가셔서 오락가락하는 믿음을 다독이시고, 돌같이 거친 믿음을 다듬어 주십니다.

그게 '하나님의 어떠함' 입니다. 우리의 흔들리는 믿음을 탓하거나 타박하시는 분이 아니라, 연약한 믿음이라도 한 발자국 더 나아갈수록 도우시는 분입니다. 그걸 헤아리고 나면 의심과 회의로 혼돈스럽던 우리의 믿음이 이해가 됩니다. 실은 '나의 믿음'이 아니라 '하나님의 은혜'가 나를 '나' 되게 하는 것이었습니다. 우리의 삶 속에 들어오셔서 이모저모로 우리를 설득하고 계시는 하나님의 어떠함을 다시 새겨 보는 지혜가 필요합니다.

묵상과 적용을 위한 질문

1. 하나님을 더 알아갈 수 있도록 하나님께서 당신에게 하셨던 일이 있는지요?

2. 믿음의 순종을 했다고 하여 우리의 믿음이 흔들리지 않는가요?
   이럴 때 우리는 무엇을 의지해야 하겠습니까?

 나만의 묵상 메모

오늘 묵상을 통해 주신 깨달음에 대해 직접 기록해 보세요.

저자와 함께 하는 한 줄 기도

주님, 믿기 어려워하는 저의 고집스러움을 이해하시고 온전한 믿음으로 가는 장애물을 제거해 주서서 감사합니다. 제가 연약한 믿음 때문에 허우적거릴 때 자책하기 보다는 이렇게 자비를 베푸시는 하나님을 기억하고 다시 일어설 수 있기를 구합니다.

기·도·와·결·단

오늘 묵상한 말씀의 적용과 삶의 결단을 담아 자신의 기도를 적어 보세요.

_____
_____
_____
_____

Day 15

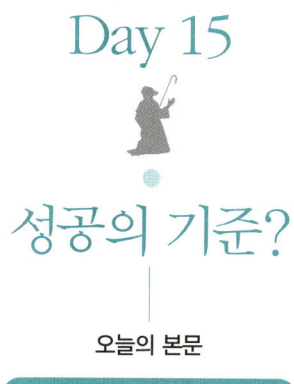

성공의 기준?

오늘의 본문

창세기 18:17-19 (NKRV)

¹⁶그 사람들이 거기서 일어나서 소돔으로 향하고 아브라함은 그들을 전송하러 함께 나가니라 ¹⁷여호와께서 이르시되 내가 하려는 것을 아브라함에게 숨기겠느냐 ¹⁸아브라함은 강대한 나라가 되고 천하 만민은 그로 말미암아 복을 받게 될 것이 아니냐 ¹⁹내가 그로 그 자식과 권속에게 명하여 여호와의 도를 지켜 의와 공도를 행하게 하려고 그를 택하였나니 이는 나 여호와가 아브라함에게 대하여 말한 일을 이루려 함이니라

저자 해설 및 묵상

사람은 누구나 잘 되기를 바라는 마음이 있습니다. 내가 잘되고, 내 자식이 잘 되기를 바라는 마음 없는 사람이 있겠습니까? 그 바램을 이뤄보자고 저마다 수고로운 삶을 삽니다. 어떤 이는 열심히 뛰어서 성과를 내는 경우도 있습니다. 우리는 이런 사람들을 두고 '자수성가'를 했다고 합니다. '무슨 수를 써서라도 꼭 성공해야겠노라'는 결심에 어떤 이들은 정말 '무슨 수'를 다쓰며 살기도 합니다. 또

어떤 사람들은 보이지 않는 존재에 의존합니다. 그래서 더러는 무당이나 점쟁이를 찾기도 하고, 절에 가서 지성으로 불공을 드리기도 합니다. 그리스도인은 어떨까요? 면면에 흐르는 모습이 그리스도인이라고 해서 크게 다를 바가 없는 것 같습니다. 소위 '신령한' 사람을 찾아가 기도 '받는' 모습을 보면, 그게 '무당' 찾아가는 것과 뭐가 다를까 싶네요. 지성으로 새벽기도를 하고, 지성으로 헌금하는 동기가 '하나님의 보상'을 바라는 것이라면, 그 또한 석연치 않습니다. 교회 봉사라든가 심지어 선교에 매진하는 사람들에게서 조차 '자기 성공'의 그림자가 드리워지는 경우가 있습니다.

그렇다면 나와 내 가족이 잘되는 것을 바라는 것이 잘못된 것일까요? 성경에도 소위 '형통'에 대한 약속이 많이 나와있지 않은가요? 이를테면, 신명기 말씀은 하나님의 말씀에 순종하면 집안이 풍요로워질 것이라고 약속합니다. 신명기 5장33절은 이렇게 말하고 있습니다. "너희 하나님 여호와께서 너희에게 명령하신 모든 도를 행하라. 그리하면 너희가 살 것이요. 복이 너희에게 있을 것이며, 너희가 차지한 땅에서 너희의 살 날이 길리라." 우리가 잘 되기를 바란다면, 우리가 하나님 말씀에 순종하여 살아야 한다는 겁니다. 그러니까 말씀에 순종하면, 우리가 잘 살 것이라는 약속을 하신 겁니다. 이걸 보면, 우리의 '잘됨'이 그 자체로 문제될 것은 없어 보입니다.

그럼에도 이 '잘 됨'에 대해 그리 편안한 마음이 들지 않습니다. 오늘날 교회가 수렁에 빠진 원인 중 하나가 '기복신앙' 때문이라는 진단 때문이지요. 그래서 '잘 됨'이 한편으로는 좋으면서도, 다른 한편으로는 심기가 불편해지는 면이 있습니다. 이 딜레마는 어떻게 풀

수 있을까요? 먼저, '잘 됨'에 대한 바른 이해가 필요해 보입니다. 과연 성경에서 말하는 '잘 됨'의 바른 의미는 무엇일까요? 이 질문을 염두에 두고 '아브라함의 복'에 관해 살펴보려 합니다.

아브라함을 찾아오신 하나님께서는 이제 식사를 마치고 떠날 채비를 하십니다. 아브라함은 하나님의 일행을 따라 소돔 성이 보이는 언덕에 이르렀습니다. 그때 하나님께서 두 천사를 저 멀리 계곡 평야로 내려가게 하십니다. 그리고는 하나님께서 아브라함을 선택하신 이유를 밝히십니다. 아브라함을 선택하셔서 아이를 주시는 목적이 무엇이며, 그 목적을 이루기 위하여 아브라함이 해야 할 일이 무엇인지를 알려주십니다.

> "아브라함은 강대한 나라가 되고 천하 만민은 그로 말미암아 복을 받게 될 것이 아니냐"(창 18:18)

하나님께서 아브라함을 선택하신 목적은 그 후손이 크고 강한 나라가 되게 하시려는 것이었습니다. 그러면 "크고 강한 나라"가 된다는 것은 무엇을 뜻하는 말일까요? 일반적인 의미에서, '크고 강하다'는 말이 떠올리는 이미지가 있습니다. 이를테면, 고대 바빌로니아나 페르시아, 그리스와 로마와 같은 힘 센 제국이 떠오릅니다. 혹은 대영제국이나 스페인제국, 그리고 오늘날 최강국으로 일컬어지는 미국 같은 나라를 떠올릴 수 있습니다. 이들의 공통점은 모두 그들이 차지하고 있는 땅이 넓다는 겁니다. 다른 나라를 지배할만한 군사력을 가지고 있고, 그에 걸맞은 경제력을 갖추고 있습니다. 그

경제력도 속국으로 전락한 나라를 수탈했기에 가능했지만 말입니다. 한마디로 지배-종속 구조가 분명하게 드러납니다.

이런 양상의 '크고 강함'을 개인에게 적용해 본다면, 나와 내 가족이 '최고의 힘'을 가질 수 있는 자리에 오르는 것을 뜻하게 됩니다. 최고의 학력, 최고의 재력, 최고의 권력이 내게 주어질 때, '크고 강한' 사람이 되는 겁니다. 그걸 하나님이 주시는 복이라고 여기는 것이지요.

그런데 과연 이스라엘의 역사상 과연 그렇게 '크고 강한' 나라가 되어본 적이 있었는가요? 물론 다윗과 솔로몬 시대 이스라엘은 강국이었습니다. 특히 솔로몬 시대에는 이스라엘 역사상 가장 넓은 땅을 차지했고 주변 나라들과의 교역도 왕성했습니다. 성경은 그 시대를 이렇게 묘사했습니다. "유다와 이스라엘의 인구가 바닷가의 모래 같이 많게 되매 먹고 마시며 즐거워하였으며 솔로몬이 그 강에서부터 블레셋 사람의 땅에 이르기까지와 애굽 지경에 미치기까지의 모든 나라를 다스리므로 솔로몬이 사는 동안에 그 나라들이 조공을 바쳐 섬겼더라"(왕상 4:20-21)

본디 하나님께서 아브라함에게 약속하신 땅이 북으로는 유프라테스 강부터 남으로는 이집트 강까지였습니다(창 15:18). 솔로몬 시대 이스라엘의 영토가 아브라함에게 약속하셨던 땅의 모양과 비슷한 것을 알 수 있습니다. 오른쪽 지도는 솔로몬이 통치했던 영토를 한 눈에 보여줍니다. 그런데 솔로몬이 차지한 그 '어마어마한' 형토는 실제로는 고작 남한 땅과 엇비슷할 정도입니다. 그렇게 성경에서 자랑스럽게 얘기한 통일 이스라엘의 크기가 남한 정도 밖에 되지 않았다는 겁니다. 로마 제국이나 미합중국 같은 '크고 강한' 나라의 모습과 비교가 되지 않습니다. 이런 정도의 나라를 '크고 강한' 나라라고 부르는 것은 어쩐지 어색해 보입니다.

게다가 다윗의 통치 40년과 솔로몬의 통치 40년을 제외하

면 이스라엘은 주변 강대국에 의해 끊임없이 괴롭힘을 당했던 나라입니다. 그나마 솔로몬 이후에는 나라가 둘로 나눠지기까지 했습니다. 결국 북왕국은 앗시리아 제국에게, 남왕국은 바빌로니아 제국에게 무너지고 말았습니다. 후에 예루살렘으로 귀환한 포로들이 주체가 되어 성전과 예루살렘 성을 복구하고 이스라엘의 영광을 기다렸지만 그 꿈을 이루지 못합니다. 페르시아 제국 아래에서 어느 정도 재량권을 받았으나, 얼마 후에 그리스 제국의 통치를 받게 됩니다. 그 후에는 로마제국의 식민지가 됩니다. 그리고 AD 70년에 로마제국에 의해 완전히 멸망합니다. 그 이후 약 2000년 동안 나라 없는 민족이 되어 떠돌이 생활을 합니다. 현재 다시 세워진 이스라엘 영토는 우리나라 강원도 정도의 면적 밖에 되지 않습니다. 그러니 역사

속의 이스라엘을 두고 '크고 강한 나라'라고 부르기는 어렵습니다.

그러면 하나님의 약속이 틀렸다는 말인가요? 아니면 아직 이루어지지 않은 건가요? 우리가 믿는 바, 하나님의 약속은 정치인들의 약속과는 아주 다릅니다. 하나님께서 허튼 약속을 하실 리 없고, 하신 약속을 지키지 못할 무능한 분도 아닙니다. 그렇다면 그동안 우리가 갖고 있던 '크고 강함'의 의미를 새롭게 조명해 볼 필요가 있습니다. 과연, 하나님께서 아브라함에게 약속하신 '크고 강한 나라'는 어떤 뜻일까요?

18절을 보면, '크고 강한 나라'의 약속을 뒤이어 이런 말씀이 나옵니다. "천하 만민은 그로 말미암아 복을 받게 될 것이 아니냐." 문맥적 의미에서 '크고 강한 나라'가 된다는 것은 '다른 나라에게 복이 된다'는 것을 뜻합니다. 다시 말해, 내가 잘되는 것이 나만을 위한 것이 아니라, 내 주변까지 잘 되게 할 거라는 말입니다.

한편, 성경적 의미에서 '잘 됨'이란 하나님의 "의와 공도"를 지킨다는 뜻이기도 합니다. 그러니까, 강하고 큰 나라는 제국이 되어 제 멋대로 다른 나라를 힘으로 지배하는 나라를 의미하지 않습니다. '크고 강한' 나라란, 하나님의 말씀을 따라 의롭고 정의로운 나라가 되어 그 영향력을 이웃 나라도 받아 의롭고 정의로운 나라가 되는 것을 뜻합니다. 그러라고 힘도 주고 복도 주시는 겁니다. 그래야 하나님의 은혜와 사랑이 이웃에게 흘러가게 됩니다. 그렇게 흘러간 하나님의 사랑과 은혜가 잘 살아나면, 이웃의 나라들도 그 정신을 따라가게 되고, 하나님의 도가 스며들어가게 되는 것을 의미합니다. 이것이 바로 나의 잘됨이 다른 사람의 잘됨으로 이어지는 겁니다.

나의 바름이 다른 사람의 바름을 만들어낸다는 겁니다. 그래서 그 바름으로 인해 나타나는 행복을 누리게 되는 겁니다. 이른바 '하나님 나라'란 그런 세상이 아닐까 생각합니다. 이런 맥락에서 보자면 '크고 강함'이란 물리적인 힘이 아니라, 더불어 함께 사는 '평화'에 방점을 찍을 수 있을 겁니다.

하나님께서 아브라함을 부르셨을 때, 이미 그 부르심의 목적을 말씀해 주셨습니다. "내가 너로 큰 민족을 이루고 네게 복을 주어 네 이름을 창대하게 하리니 너는 복이 될지라" (창 12:2) 하나님께서 아브라함에게 복을 주신 결과, 모든 이가 하나님의 복을 받을 수 있도록 하겠다고 말씀하신 겁니다. 하나님께서는 25년이 지나서 다시 이 약속을 아브라함에게 상기시키십니다. 이제 아이가 태어날 것을 하나하나 준비시키시는 겁니다. 내년 이맘때 태어나는 아이에게 제대로 잘 가르치라는 요구를 하고 계신 겁니다. '크고 강한' 나라가 된다는 게 우리만 잘 먹고 잘 사는 게 아니란 겁니다. 약한 사람들 업신여기라고 복을 주시는 게 아니라는 걸, 이스라엘 뿐 아니라 이웃 나라도 잘 되게 하기 위해 복 주셨다는 걸, 함께 평화로운 나라를 이루라고 주신 복이라는 걸, 잘 가르치라는 것입니다.

우리는 '크고 강함'을 어떻게 알고 있었는가요? 성경에서 말하는 '크고 강함' 혹은 '잘 됨'은 세상에서 말하는 '크고 강함' 혹은 '잘 됨'과 그 결을 같이 하지 않는다는 걸 분별하며 지냈는지 점검할 필요가 있습니다. 교회 안에서도 세상의 '크고 강함'을 하나님 나라의 '크고 강함'이라고 오해하거나 착각하고 있지 않았는지 다시 돌아보는 시간이 필요합니다.

이것이 구별되지 않으면, 우리는 소위 '고지론'에 휘둘리게 됩니다. 최고의 학부, 최고의 지위, 최고의 능력을 가져야 하나님을 위하여 일할 기회가 많이 열릴 것이라는 그럴 듯한 논리에 넘어가기 쉽습니다. 물론 최선을 다하여 성실하게 준비하는 것이 문제가 되지 않습니다. 그리고 그렇게 한 결과가 '최고'가 될 수는 있습니다. 그런 '최고'의 자리에서 말 그대로 하나님의 많은 일을 할 수 있습니다. 그런데, 그것 만이 하나님의 일이라 할 수 있을까요? 그 외의 다른 자리에서는 하나님의 일을 할 수 없는 것일까요? 최고의 경영자만이 능사일까요? 우수한 학자의 자리만이 가능한가요? 위대한 정치가만이 희망일까요? 반면에, 가난하고 힘없는 사람들은 하나님 나라에서 어떤 사람들일까요? 그들은 거기에서도 주변부로 밀려난 별볼일 없는 사람들일까요? 하나님 나라의 일과는 상관이 없는 사람들일까요? 소위 별볼일 없는 일을 하는 사람은 그 일터에서 하나님의 사람으로 살 수 없는 것일까요? 그 자리에서 하는 하나님의 일은 최고의 자리에서 하는 하나님의 일과 비교할 때 별볼일 없는 것일까요? 하나님 나라가 그런 기준으로 평가되는 나라일까요? 그렇다면 그 나라는 과연 하나님 나라일까요? 차별이 있는 곳은 하나님 나라가 나타날 수 없습니다.

고지론의 문제는 최고의 역량을 발휘하자는 데 있는 것이 아니라, 그렇지 못한 자리에 있는 대부분의 사람들을 무시하는 데 있습니다. 그들을 능력 없는 자로 매도하는 데 있습니다. 최고의 자리에 있지 못하면, 하나님의 복을 받지 못한 부류가 되는 분위기가 심각한 문제이기 때문입니다. 그런 사고 방식은 하나님 나라의 가치를 부정하게 됩니다. 교회 안에 차별이 자리잡게 되는 게 문제입니다. 각자 자기의 역량대로 자기의 자리에서 맡은 바를 수행하는 것을 존중해야 합니다. 그것이 어떤 모양의 자리이든, 하나님 나라 안에서는 평등하기 때문입니다. 하나님 나라에서는 일의 평가 기준이 세상과 너무나 다르기 때문입니다. 성경에서 말하는 '복'의 본질을 안다면, 성경적 평가 기준이 무엇인지 터득하게 될 겁니다.

묵상과 적용을 위한 질문

1. 그동안 당신이 크고 잘되는 것의 기준이 무엇이라고 생각했었는지요?

2. 크고 잘되는 것에 대한 성경적 의미를 당신의 삶에 어떻게 적용할 수 있겠는지요?

 나만의 묵상 메모

오늘 묵상을 통해 주신 깨달음에 대해 직접 기록해 보세요.

저자와 함께 하는 한 줄 기도

주님, 그동안 제가 꿈꾸던 '잘됨'이 성경에서 말하는 '잘됨'과 큰 차이가 있다는 것을 알았습니다. 최상의 잘됨이 이웃에게 희망이 되고 활력이 되는 삶이라는 것을 알았습니다. 저의 삶의 방향을 다시 재조정하여 살아가기를 원합니다.

기·도·와·결·단

오늘 묵상한 말씀의 적용과 삶의 결단을 담아 자신의 기도를 적어 보세요.

Day 16

소돔과 고모라의 죄

오늘의 본문

창세기 18:20-33 (NKRV)

20 여호와께서 또 이르시되 소돔과 고모라에 대한 부르짖음이 크고 그 죄악이 심히 무거우니 21 내가 이제 내려가서 그 모든 행한 것이 과연 내게 들린 부르짖음과 같은지 그렇지 않은지 내가 보고 알려 하노라 22 그 사람들이 거기서 떠나 소돔으로 향하여 가고 아브라함은 여호와 앞에 그대로 섰더니 23 아브라함이 가까이 나아가 이르되 주께서 의인을 악인과 함께 멸하려 하시나이까 24 그 성 중에 의인 오십 명이 있을지라도 주께서 그 곳을 멸하시고 그 오십 의인을 위하여 용서하지 아니하시리이까 25 주께서 이같이 하사 의인을 악인과 함께 죽이심은 부당하오며 의인과 악인을 같이 하심도 부당하니이다 세상을 심판하시는 이가 정의를 행하실 것이 아니니이까 26 여호와께서 이르시되 내가 만일 소돔 성읍 가운데에서 의인 오십 명을 찾으면 그들을 위하여 온 지역을 용서하리라 27 아브라함이 대답하여 이르되 나는 티끌이나 재와 같사오나 감히 주께 아뢰나이다 28 오십 의인 중에 오 명이 부족하다면 그 오 명이 부족함으로 말미암아 온 성읍을 멸하시리이까 이르시되 내가 거기서 사십오 명을 찾으면 멸하지 아니하리라 29 아브라함이 또 아뢰어 이르되 거기서 사십 명을 찾으시면 어찌 하려 하시나이까 이르시되 사십 명으로 말미암아 멸하지 아니하리라 30 아브라함이 이르되 내 주여 노하지 마시옵고 말씀하게 하옵소서 거기서 삼십 명을 찾으시면 어찌 하려 하시나이까 이르시되 내가 거기서 삼십 명을 찾으면 그리하지 아니하리라 31 아브라함이 또 이르되 내가 감히 내 주께 아뢰나이다 거기서 이십 명을 찾으시면 어찌 하려 하시나이까 이르시되 내가 이십 명으로 말미암

아 그리하지 아니하리라 ³²아브라함이 또 이르되 주는 노하지 마옵소서 내가 이번만 더 아뢰리이다 거기서 십 명을 찾으시면 어찌 하려 하시나이까 이르시되 내가 십 명으로 말미암아 멸하지 아니하리라 ³³여호와께서 아브라함과 말씀을 마치시고 가시니 아브라함도 자기 곳으로 돌아갔더라

저자 해설 및 묵상

요즘 교회의 가장 큰 이슈 중 하나가 아마도 '동성애' 일 겁니다. '동성애' 이슈는 미국 선거에서 교회의 가장 큰 쟁점이 됩니다. 이 이슈는 보수 교회 안에서는 다른 모든 이슈들을 덮어버리는 강력한 힘을 발휘합니다. 몇 해 전부터는 한국 교회에서도 동성애 문제로 시끄러워졌습니다. 한국에서도 그와 비슷한 양상을 보이고 있습니다. 그리고 그 이슈가 등장할 때마다 가장 많이 인용되는 성경 이야기가 '소돔과 고모라' 일 겁니다. 소돔과 고모라는 아주 오래 전부터 동성애를 상징하는 도시로 알려져 왔습니다. 하나님께서 그들의 성적 문란을 유황불로 심판하셔서, 도시가 흔적도 없이 파멸되었다는 유명한 이 이야기는 일반인들도 잘 알고 있지요. 그래서 '동성애'하면 '소돔과 고모라', '소돔과 고모라' 하면 '하나님의 진노'라고 보는 게 보편적인 이해입니다.

이러한 관점 때문에 동성애는 하나님의 진노를 피할 수 없는 죄라고 여겼습니다. 그래서 성소수자들에게 하나님의 진노의 대상인 '죄인'이라는 주홍글씨를 새겨 두었고, 그들을 사람 취급하지 않는 것을

당연하게 여겼던 겁니다. 이렇게 성소수자들을 차별하는 역사는 매우 깁니다. 하지만, 근래 동성애에 대한 새로운 조명이 한창이지요. '동성애' 문제를 '죄'의 관점으로 바라보는 걸 지양하자는 겁니다. '죄'의 문제가 아니라 개인의 '성향'의 문제로 보자는 주장입니다. 원래 그렇게 태어난 것을 어떻게 바꾸라는 것이냐는 견해지요. 요는 성소수자들의 성적 '성향'을 인정하자는 겁니다. 동성애적 성향을 가진 유전자가 있다는 생물학적 근거를 제시하기도 합니다. 이러한 동성애를 옹호하는 주장의 밑바탕에는 성소수자의 '인권'을 보호해야 한다는 의도가 깔려있습니다. 그들의 성향이 이렇든 저렇든 그것 때문에 인간이 아닌 것처럼 취급되어서는 안 된다는 주장입니다. 이를 위해 제도적-법적 근거를 마련하는 중입니다.

성소수자의 성적 성향에 대한 입장차가 매우 큽니다. 보수와 진보의 양 진영이 매우 다르게 반응합니다. 보수 쪽에서는 동성애의 성적 성향이 후천적이라고 보는 한편, 진보는 선천적이라고 보고 있습니다. 전자의 입장에서 동성애는 '죄'를 '선택'한 것이지만, 후자의 입장에서 보자면 그건 '선택'의 여지가 없는 문제입니다. 양자 간의 입장과 간극은 쉽게 좁혀질 것 같지 않네요. 하지만, 시대적-사회적 흐름은 이 문제를 '인권' 차원에서 접근하려는 쪽으로 향하고 있는 것은 분명합니다.

정치인들은 두 입장 사이를 교묘히 오갑니다. 보수교회의 영향력이 큰 지역의 정치인은 보수적 성향의 투표권자의 표를 얻기 위하여 성소수자의 법적 권한을 제한하는 것에 무게를 싣습니다. 그러나 그들의 입장을 그대로 믿기는 어려운 경우도 생깁니다. 나중에 자신의 입장에 따라 그동안 천명해왔던 태도를 바꾸는 바람에 그를 지지했던 자들이 적지 않게 당혹스러워하는 경우가 있으니 말입니다.

그동안 교회는 이 소돔과 고모라 성의 죄악을 동성애 문제로 보았습니다. 하여 성소수자를 하나님의 진노의 대상으로 여겼습니다. 성소수자에 대한 노골적인 편견과 차별을 당연하게 여긴 까닭이지요. 그것은 교회만이 아니라 그간 사회 전반의 분위기이기도 했습니다. 하지만 지금은 그러한 편견과 차별을 성소수자에 대한 폭력으로 받아들입니다.

아무튼 우리는 동성애 문제에 어떤 입장을 가져야 하는 지를 두고 적잖은 혼돈이 있습니다. 그렇다면 우리는 이 문제를 어떤 시각에서 봐야 할까요? 일각에서 주장하는 대로 성소수자들을 무턱대고 죄인으로 몰아 세우는 것이 타당할까요? 아니면, 그들의 행위를 그대로 수용해야 할까요? 우리는 이런 갈림길에서 어떤 선택을 해야 하는지 혼돈스럽기만 합니다.

이에 대한 입장을 정리하기 이전에 가장 우선하고 중요한 게 그동안 우리가 정설로 알고 있던 성경 본문에 대한 바른 이해/해석이라 하겠습니다. 물론 성경해석의 스펙트럼이 매우 넓기 때문에, 그것마저도 논쟁의 여지가 있습니다. 하지만, 여태까지 소돔과 고모라의 멸망이 동성애에 대한 하나님의 심판 때문이라는 주류 해석에 대하여 달리 해석할 여지는 없는지 살펴보는 작업이 필요해 보입니다. 이것은 동성애를 지지하느냐 마느냐는 논쟁과는 별도로, 정말로 소돔과 고모라에 대한 하나님의 심판이 그들의 동성애적 행위 때문이었다고 해석하는 것만 있는지 살펴야겠습니다. 그래야 그 본문을 근거로 주장하는 것에 정당성을 가질 수 있으니까요. 과거 서구 사회는 아프리카 사람들을 노예로 만들면서 그 정당성을 성경에서 찾았습니다. '노아의 저주가 아프리카인들의 조상인 함에게 내렸으니, 이들이 노예로 사는 것이 성경에 나와있다' 는 식으로 합리화했습니다. 그들의 성경해석은 아프리카 사람들을 노예로 부리기 위한 자기 합리화의 교묘한 함정이었습니다. 어쩌면 우리는 동성애를 정죄하기 위하여 비슷한 함정에 빠질 수 있다는 가능성을 배제해서는 안 되겠습니다.

그런 차원에서 소돔과 고모라의 멸망 원인에 대한 좀 더 객관적인 이해가 필요합니다. 다시 말해서, 소돔과 고모라에 관한 본문을 동성애 문제 외에 더 들여다 봐야할 요소가 없지는 않은지 살펴볼 필요가 있다는 거지요. 우리도 모르는 사이에 살피지 못한 사각지대가 존재하기 때문입니다. 어느 쪽이 옳고 그르냐를 떠나서 과연 소돔과 고모라의 멸망이 무엇 때문이었는지를 문맥의 흐름을 통해 객관적으로 살피는 일이 중요합니다.

하나님께서 '내년 이맘때에 자식을 주겠다' 는 약속과 함께 소돔과 고모라의 멸망 가능성을 아브라함에게 말씀하셨습니다. 그런데, 하나님께서 왜 그걸 아브라함에게 알리셨을까요? 창세기 18장 20절을 보면, 하나님께서 아브라함에게 "소돔과 고모라에 대한 부르짖음이 크고 그 죄악이 심히 무거우니"라고 말씀하십니다. 소돔과 고모라 사람들이 그 성에서 일어나는 죄악 때문에 고통스러워 부르짖는 소리가 지대했다는 겁니다. 그 정도가 너무 심해서 하나님이 직접 내려오셔서 확인하고 그에 따른 징계를 내리시겠다는 겁니다.

여기에서 소돔과 고모라 성 사람들이 '부르짖는다'는 건 그들이 고통스러워서 내지르는 소리입니다. 그러면 그들이 어떤 고통 때문에 하늘에 닿을 만큼 부르짖었던 걸까요? 그게 단지 동성애 때문이었을까요? 혹시 원치 않는 동성애를 강요당하고 있기 때문에 부르짖었던 것일까요? 물론 그럴 수도 있겠지요. 하지만 그것만은 아닌 것 같습니다. 창세기 19장을 보면, 나그네 둘이 롯의 집에 들어갑니다. 그때 그들을 '상관'하려고 소돔 남자들이 다 몰려와 롯을 몰아부칩니다. 그걸 보면 그들 모두 동성애를 탐하고 있는 것처럼 보이지요. 그런데 만약 그들이 다 동성애에 푹 빠져있었다면, '고통 가운데 울부짖는' 것이 '고통' 때문이 아니라 '쾌락' 때문이어야 합니다. 그런데 여기에 사용한 '울부짖음'은 '불의에 희생당한 자의 비통한 부르짖음'이라고 학자들은 보고 있습니다. 이에 비춰볼 때, '울부짖음'은 '쾌락' 때문에 발생하는 소리가 아닌 것은 분명한 것 같습니다.

　소돔과 고모라의 젊은이 노인 할 것 없이 모두 롯의 집을 둘러싸고 '두 사람'을 끄집어내려는 이유를 '동성애'와 연관짓는 것도 어려움이 있습니다. 그 성 모든 사람들이 그 밤에 돌아가며 성폭행을 하려 했다는 건데, 그게 가능한 일일까요? 그렇게 그들은 성욕에 헐떡였다는 말인가요? 노인과 젊은이 상관이 없이 모두가 공개적으로 그렇게 해도 문제가 없었다는 건가요? 롯이 그들의 압박을 무마하기 위하여 자기의 두 딸을 내어주겠다고 하니 그것도 거부하는 그들은 오직 동성애 행위만을 원하는 무리라는 건가요? (19:7-9 참조) 그러면 그 성에 사는 여자들은 무엇이란 말입니까? 그들은 레즈비언이란 말인가요? 그 성에 젊은이와 어린애들이 있는 걸 보면, 그런 것 같지는 않습니다. 결혼해서 아이를 낳는 것이 그 성에도 자연스러운 삶이었지 않을까요? 아니면 그들은 양성행위자들이었단 말인가요? 참으로 많은 궁금증이 생깁니다. 혹시, 그들은 지나가는 나그네에게만 그렇게 했다는 말인가요? 그러면 처음에 소돔 성으로 들어갔던 롯은 어떤 대우를 받았었을까요? 그도 나그네였으니, 동성애 행위의 피해를 입었을까요? 이것저것 헤아려보니, 아무래도 소돔과 소모라의 '부르짖는 소리'가 동성애 행위 때문만이라고 단정짓기에는 의문점이 너무 많습니다.

그러면 그들은 무엇 때문에 울부짖었고, 그렇게 울부짖은 자들까지 모두 하나님의 심판의 대상이 되어 멸망을 당하게 되었을까요? 이 의문을 풀기 위해서 에스겔 선지자가 이스라엘 민족을 두고 경고한 내용을 보면, 단서를 찾을 수 있습니다. "네 동생 소돔의 죄악은 이러하다. 소돔과 그의 딸들은 교만하였다. 또 양식이 많아서 배부르고 한가하여 평안하게 살면서도, 가난하고 못 사는 사람들의 손을 붙잡아주지 않았다."(겔 16:49) 에스겔에 의하면, 소돔과 고모라의 악함은 그들이 가난하고 힘없는 사람들을 돕지 않았다는 것에 있었습니다. 소돔과 고모라가 정의롭지 못한 사회였던 겁니다.

이사야 말씀도 같은 맥락입니다. 이사야 선지자도 이스라엘이 소돔과 고모라와 다름없다고 경고합니다. 그 이유가 그들이 '정의를 찾지 않고, 고아와 과부를 돕지 않으며, 손에 피가 가득하기 때문'이라고 밝힙니다(사 1:10-18). 예레미야 선지자 또한 예루살렘 예언자들의 악행이 소돔과 고모라 사람들과 같다고 지적하는데, 그 예언자들이 하나님을 떠나고, 거짓 예언하는 것을 일삼았다고 지적합니다

(렘 23:14-32). 이렇듯 예언자들은 소돔과 고모라의 죄악을 지적할 때, 저들의 동성애 행위를 지적한 것이 아니라 공의롭지 못한 행위에 대하여 지적하고 있습니다. 신약성경의 유다서는 소돔과 고모라의 죄를 성적인 죄로 언급하고 있는데, 베드로서에는 그것을 성적인 죄로만 규정하지는 않습니다.

이렇게 전반적으로 성경은 소돔과 고모라의 죄악을 '동성애 문제'로만 한정 짓지 않는다는 걸 알 수 있습니다. 그보다는 탐욕과 폭력으로 약한 자를 고통스럽게 하는 그들의 불의함을 '죄'로 보고 있다는 겁니다. 힘 있는 자가 힘 없는 자를 괴롭히고, 힘 없는 자가 자기보다 더 힘 없는 자를 어렵게 하는 불의한 사회구조가 죄라는 겁니다. 모두가 죄악의 굴레 속에 있었다는 겁니다. 갑질이 편만하고 돈/힘 없으면 사람 대접 받기 어려운 세상, 도저히 달라지지 않을 소돔과 고모라의 '죄'를 심판했다는 이야기입니다.

그런데, 하나님은 이렇게 죄악이 만연한 성을 징계하겠다는 의사를 왜 아브라함에게 알리셨을까요? 이 질문을 해결하기 위해, 하나님께서 아브라함을 선택하신 이유를 생각해 봐야 합니다. 하나님께서는 당신의 의와 공도를 자손들에게 가르쳐 지키게 하기 위해서 아브라함을 선택하셨습니다. 그래야 아브라함의 자손이 모든 민족에게 복이 될 수 있기 때문이지요. 만약에 아브라함의 자손이 하나님의 의와 공도를 가르쳐 지키게 하지 않으면, 그들도 소돔과 고모라 사람들처럼 악하게 되어 하나님의 징계의 대상이 될 것이라는 경고를 하신 겁니다.

하나님의 의도를 알게 된 아브라함은 소돔 성에 있는 조카 롯과 그의 가족이 떠올랐을 것 같습니다. 그래서 하나님께 탄원을 합니다. 소위 '의인 10명' 이야기가 그것이지요. 아브라함은 그 성에 의인이 50명이 있다면, 그 사람들을 위해서라도 멸망시키지 말아 달라고 탄원합니다. 만약에 그렇게 된다면, 그것은 하나님의 의로운 성품과 배치된다는 논리입니다. 하나님은 그 말대로 의인이 50명이라도 있으면 멸망시키지 않겠다고 하십니다. 그러자 아브라함은 다섯 명을 줄여서 45명으로 타협을 보려하지만, 그 수가 마흔 명에서 서른 명, 스무 명에서 열 명에 이를 때까지 하나님께서는 아브라함의 청원에 '그러마' 하십니다. 하지만 소돔과 고모라에는 아브라함의 열 손가락을 채울 만한 의인이 없었습니다. 아브라함은 더 이상의 청원을 포기하고, 하나님께서도 그 자리를 떠나십니다.

롯과 그의 가족을 구해보려는 아브라함의 안타까운 마음이 잘 드러나는 장면이지요. 결국에는 저 멀리 아래 소돔과 고모라에서 올라가는 시커먼 연기를 지켜보게 됩니다. 성이 멸망해 버렸습니다. 이 일을 통해 아브라함은 자기를 선택하신 하나님이 무엇을 가장 싫어하시는지 알게 됩니다. 아울러 자신이 무엇을 하며 어떻게 살아야 하는지 배우게 되지요. 가인과 라멕의 살인이라든가, 이후 노아 시대의 폭력이 만연한 것이 다 죄의 결과였습니다. '자기'가 주인이 되고, '자기'가 하나님이 된 까닭이었지요. 소돔과 고모라의 '죄'도 마찬가지입니다. '하나님 없는 세상'의 '탐욕과 악행'이 소돔과 고모라를 뒤덮고 있었다고 봐야 할 겁니다. 그들의 불의함, 불공정함, 착취와 폭력의 만연함 때문에 하나님의 진노가 임했다는 거지요. 소돔과 고모라의 죄악을 단순히 동성애 행위로만 규정하고 그 문제에만

몰입되어 성경에서 말하는 죄악의 핵심을 놓치는 일이 있어서는 안 되겠습니다.

  이렇게 볼 때, 소돔과 고모라의 죄가 우리의 죄와 별반 다르지 않다는 것을 알게 됩니다. 우리가 사는 세상이 소돔과 고모라며, 이 땅 어디에도 소돔과 고모라 아닌 세상이 없다고 봅니다. 소돔과 고모라를 단순히 동성애 문제로만 바라보면 이러한 관점을 가질 수 없습니다. 또한 성적인 죄에는 동성애만 있는 것이 아닙니다. '이성애자'들의 성적 문란함의 정도 또한 하나님의 진노를 사기에 부족함이 없을 정도입니다. 사사기에 보면, 베냐민 지파의 기브아 주민 여러 명이 한 여인을 윤간한 성폭력에 대한 응징으로 이스라엘의 나머지 지파가 동원되서 베냐민 지파 자체를 거의 파멸의 지경까지 몰고 간 이야기가 나옵니다. 동성애가 아니라 이성애자들의 성적 범죄에 대해서도 하나님께서 진노하고 있다는 사실을 간과해서는 안 된다는 거지요. 그런데 이러한 인식을 하지 못하면, '나-우리'의 죄에 대한 '성찰'을 하지 못하고, 다른 이의 죄에만 통렬한 비판을 가할 지도 모릅니다. 하나님께서 유독 동성애에 엄한 심판을 내리신다며, 성소수자들에 대한 편견을 그치지 않을 겁니다. 그러면서 자신의 죄에는 너그럽거나 아예 인식을 하지 못하는 함정에 빠지고 맙니다. 성소주자를 향한 핍박과 차별이 당연하다고 여기게 되고, 우리는 그런 행위를 아무렇지도 않게 저지르게 됩니다. '심판 받을 사람들'이라며 내민 손가락을 거두지 않을 겁니다. 그들을 향해 쯧쯧 혀를 차겠지만, 정작 하나님께서는 그런 우리를 보시며 한탄하실 겁니다. 정작 '우리'가 소돔이기 때문이지요. 하나님께서 이스라엘을 멸망시키셨을 때 그들의 죄악은 동성애 행위보다는, 하나님의 정의를 무시해 버린 그들의 악함에 있었습니다. 하나님의 의와 공의가 철저히 무시되었던 것에 대하여 하나님께서 징계하셨던 겁니다.

미국의 대다수 교회는 동성애 문제를 사회 구조적 차원에서 다룹니다. 동성애 이슈를 정치적, 법률적으로 접근하도록 만들어 버렸지요. 사실 이 문제는 개인적인 차원에서 다뤄야 했는데 말입니다. 하지만 '인권'이 강조되고 있는 이 시대에 교회의 동성애에 대한 편협한 입장은 점점 그 힘을 잃어버리고 있습니다. 앞에서도 언급했지만, 정치인들의 농간에 놀아나는 형국이지요. 그런데 그걸 분간을 못합니다.

한편 정작 구조적인 문제로 접근해야 할 '경제적 불평등-가난'은 대다수 미국 교회는 이걸 개인 차원의 '자선' 범주에 머물도록 유도했습니다. 혹여 정부에서 경제적 불평등의 문제를 조정하려 들면 사회주의로 몰아갑니다. '보수적'인 교회들은 동성애 문제라든가 경제적 불평등과 같은 사회적 문제를 바르게 정립할 모멘텀을 잃은 것 같습니다. 우리 시대의 교회가 갖고 있는 사회-경제적 힘은 대단합니다. 이미 기득권이 되어 있는 교회는 정치를 움직이거나 법을 이용하는 데 거리낌이 없습니다. 그래서 그런지 함부로 판단하고 쉽게 정죄하는 성향을 보이고 있습니다.

오늘날 교회는 세리와 죄인, 고아와 과부의 친구였던 예수 그리스도의 행적과는 딴 판입니다. 실은, '교회'가 예수의 '제자'인지조차 알 수 없을 정도입니다. 사회, 정치, 경제적으로 아무런 '힘'이 없었던 초대 교회가 당시 사회에 큰 영향을 주었던 것과 전혀 다른 모습입니다. 하나님의 의와 공의를 가르쳐 지키는 공동체로 세워가려는 노력을 하지 못했기 때문이지요. 소돔과 고모라 이야기를 그저 동성애 문제를 저격하기 위한 쓸모로만 읽는다는 건, 이 시대 교회의 천박함을 드러낼 뿐입니다. 도리어 교회는, 그리고 무릇 그리스도인들은 '먼저 그의 나라와 그의 의'를 구해야 합니다. 하나님의 의로우심 앞에, '우리-교회'도 소돔과 고모라일 수도 있음을 잊지 말아야 합니다.

하나님께서 일 년 후에 태어날 아브라함 집안의 아이를 어떻게 아브라함이 아비로서 가르쳐야 할지 알려주시기 위하여 소돔과 고모라의 죄악에 대하여 언급하신 것입니다. 하나님의 의와 공도를 제대로 가르치라는 의미입니다. 그렇지 않으면 아브라함의 후손도 소돔과 고모라와 같은 꼴을 당할 수밖에 없다는 경고의 메시지를 주신 겁니다.

묵상과 적용을 위한 질문

1. 당신이 소돔과 고모라에 대하여 알고 있던 것에 더해 무엇을 알게 되었는지요?

   _____

   _____

2. 하나님께서는 당신의 자녀/후배에게 무엇을 가르치기를 원하십니까?

🌱 나만의 묵상 메모

오늘 묵상을 통해 주신 깨달음에 대해 직접 기록해 보세요.

🙏 저자와 함께 하는 한 줄 기도

주님, 소돔과 고모라 이야기를 동성애에 관한 이야기로만 알았었는데, 하나님의 공의가 제대로 세워지지 않은 것에 대한 하나님의 진노도 포함된다는 사실을 알았습니다. 그리고 이 모든 죄가 하나님을 주님으로 인정하지 않은 결과라는 것도 생각해 보았습니다. 저의 자녀에게 혹은 후배에게 하나님의 의와 공의를 가르쳐 지키게 하는 일을 가볍게 여기지 않게 하소서.

 기·도·와·결·단

오늘 묵상한 말씀의 적용과 삶의 결단을 담아 자신의 기도를 적어 보세요.

Day 17

나그네를 핍박하는 소돔 성 사람들

오늘의 본문

창세기 19:1-11 (NKRV)

¹저녁 때에 그 두 천사가 소돔에 이르니 마침 롯이 소돔 성문에 앉아 있다가 그들을 보고 일어나 영접하고 땅에 엎드려 절하며 ²이르되 내 주여 돌이켜 종의 집으로 들어와 발을 씻고 주무시고 일찍이 일어나 갈 길을 가소서 그들이 이르되 아니라 우리가 거리에서 밤을 새우리라 ³롯이 간청하매 그제서야 돌이켜 그 집으로 들어오는지라 롯이 그들을 위하여 식탁을 베풀고 무교병을 구우니 그들이 먹으니라 ⁴그들이 눕기 전에 그 성 사람 곧 소돔 백성들이 노소를 막론하고 원근에서 다 모여 그 집을 에워싸고 ⁵롯을 부르고 그에게 이르되 오늘 밤에 네게 온 사람들이 어디 있느냐 이끌어 내라 우리가 그들을 상관하리라 ⁶롯이 문 밖의 무리에게로 나가서 뒤로 문을 닫고 ⁷이르되 청하노니 내 형제들아 이런 악을 행하지 말라 ⁸내게 남자를 가까이 하지 아니한 두 딸이 있노라 청하건대 내가 그들을 너희에게로 이끌어 내리니 너희 눈에 좋을 대로 그들에게 행하고 이 사람들은 내 집에 들어왔은즉 이 사람들에게는 아무 일도 저지르지 말라 ⁹그들이 이르되 너는 물러나라 또 이르되 이 자가 들어와서 거류하면서 우리의 법관이 되려 하는도다 이제 우리가 그들보다 너를 더 해하리라 하고 롯을 밀치며 가까이 가서 그 문을 부수려고 하는지라 ¹⁰그 사람들이 손을 내밀어 롯을 집으로 끌어들이고 문을 닫고 ¹¹문 밖의 무리를 대소를 막론하고 그 눈을 어둡게 하니 그들이 문을 찾느라고 헤매었더라

저자 해설 및 묵상

아브라함을 방문했던 세 사람 중 두 사람은 천사였습니다. 이 두 천사는 소돔 성을 향해 갔습니다. 소돔 성의 죄악을 살피기 위한 것입니다. 그들이 소돔 성문에 도달했을 때, 롯이 성문 앞에 앉아 있다가 두 나그네를 보고, 그 둘을 영접합니다. 아브라함이 했던 바와 같은 태도로 말입니다. 그들이 롯에게 경계를 풀고 자기들을 대접해 줄 자로 알 수 있도록 땅에 엎드려 절을 한 겁니다. 롯도 아브라함과 마찬가지로 나그네로 가나안 땅에서 살았기에 나그네 길이 어떤 건지 잘 알고 있었습니다. 작은 아버지 아브라함과 함께 했던 날들이 그냥 헛된 시간은 아니었던 것 같습니다. 당시에 나그네를 약탈하는 게 다반사였던 시절에 나그네를 돌보겠다는 마음은 쉽게 생기는 것이 아닌 것이지요. 이것을 두고 베드로는 롯을 의로운 자라고 평했던 것 같습니다.

그런데 이렇게 두 나그네를 집에 들여 대접한 롯과는 달리 소돔 성 사람들은 이 두 사람을 해치려고 노소를 막론하고 롯의 집으로 몰려왔습니다. 그리고 그 둘을 끌어내라고 롯을 윽박지릅니다. 그들은 그 두 사람을 끌어다가 "상관"을 하겠다고 합니다. 이 표현은 이 두 사람과 성관계를 가지겠다는 의미이지요. 원래 히브리 단어는 "알다"라는 뜻을 가졌는데, 성관계를 의미하기도 합니다.

그런데 "알다"라는 단어는 성관계만 뜻하지 않습니다. 또 다른 의미로는 '심문하다, 조사하다'라는 뜻도 가지고 있습니다. 어떤 해석을 선택하느냐는 문맥에 따라 다르다 하겠습니다. 대부분의 경우에는 '성관계'라고 번역을 했는데, 다른 가능성은 '심문을 하겠다'로도 번역이 가능합니다. 두 번째 해석이 가능한 이유는, 첫째로 소돔 성 남자가 젊은이부터 노인까지 다 모인 목적이 무엇인지 의문이 들기 때문입니다. 이들이 동성애를 하려 한다면, 노인부터 젊은이까지 다 모여서 어떻게 성행위를 할 것인지 의문입니다. 하지만 이들이 이 나그네 둘을 끌어다가 폭행을 저지르되 성적인 폭행을 하려 한다면 그 해석에는 충분한 가능성이 있습니다.

둘째로, 롯이 이 두 사람을 보호하기 위해서 자기 두 딸을 내어주겠다고 한 것에 그들이 거부한다는 것이 의문입니다. 저들이 두 여자를 거부한 이유가 거기에 온 소돔 성 남자들이 모두 동성애자였기 때문이었을까요? 만약에 그들 전부가 여자에게는 관심이 없는 동성애자라면, 소돔 성의 인구는 어떻게 조성이 되었단 말입니까? 실제로 롯의 두 딸은 앞으로 결혼할 약혼자들이 있었습니다. 그 말은 동성애가 있기는 하지만 그것이 대세가 아닐 수 있다는 것이지요. 이런 면에서 소돔 성 남자가 동성애에 미친 자들이라는 해석이 과하다는 생각이 듭니다.

이렇게 소돔 성 사람들이 두 나그네를 놓고 롯과 대치하고 있는 장면을 좀 더 자세히 들여다보면 볼수록 단순히 '동성애'라는 굴레를 씌우기에는 뭔가 모자랍니다. 오히려 그들은 롯이 자기 딸들을 내 주겠다는 것을 거부한 것을 보면, 저들은 단순히 성욕을 해결하겠다는 것보다 다른 목적이 있었던 것 같습니다. 어쩌면 두 나그네를 약탈의 대상, 혹은 다른 지역에서 정탐 온 자들이라 여기고 심문할 대상으로 보았다고 할 수 있습니다. 그런데 그 두 사람을 핍박하는 도구로 성폭행을 하겠다는 것이었지요.

이런 의문점 때문에 소돔 성 사람들은 무조건 동성애자들이라고 단정짓기는 어렵다는 거지요. 오히려 이 본문은 이들의 죄악의 근본이 길가는 나그네를 해치려는 것에 온 성 사람들이 동원되었다는 것을 보여주고 있다고 할 수 있습니다. 그리고 그 포악성을 성폭행으로 드러내려고 했습니다. 문제는 그들이 그런 행위를 악하다고 여기지 않았다는 겁니다. 오직 롯만이 그것을 반대하고 있었다는 거지요. 약한 자에게 그들은 성폭행을 가하거나, 아니면 고문에 가까운 심문을 하겠다는 악함을 보여주고 있다는 것이 저들의 치명적인 문제였다고 봐야 하지 않을까요?

더군다나 소돔 성 사람들은 롯이 나그네들을 보호하려고 하자, 롯까지 압박을 가합니다. 그것도 롯을 이방인 취급을 하면서 말이지요. 롯은 포로로 잡혀가던 소돔 성 사람들을 구출해 준 아브라함 덕택에 그 성의 장로 정도의 위치에 오른 것 같습니다. 소돔 성문에 앉아있다는 것은 성문 앞에서 열리는 재판에 참여한 리더가 되었다는 것을 의미하니까요. 하지만 그가 소돔 성 사람들의 이해와 대치되는 상황에 있게 되자, 그들은 그를 이방인 취급해 버립니다. 그들은 롯을 향하여, "너는 물러나라, 이 자가 (우리에게) 들어와서 거류하면서 우리의 법관이 되려 하는도다. 이제 우리가 그들보다 너를 더 해하리라" 하면서 롯을 배척하며 위협하는 난폭성을 보입니다.

롯은 소돔 성에 자리를 잡고 그들과 동화되어 살았지만, 그들은 롯을 절대로 자기들의 공동체의 일원으로 여기지 않았다는 것을 알 수 있습니다. 롯 덕분에 과거에 바빌론 지역 연합군의 포로로 잡혀

갈 뻔했던 위기를 모면할 수 있었던 그들이기에 롯을 함부로 대할 수가 없었습니다. 하지만 이번 두 나그네를 두둔하는 롯을 향해서는 그들의 본심을 드러내고 만 것이지요.

이런 정황을 통해서 볼 때, 우리는 소돔 성 사람들의 행동을 동성애로 해석할 것인지, 아니면 다른 가능성, 즉 나그네를 향한 성폭력 혹은 심문을 하는 것으로 해석할 것인지는 이 본문을 읽는 각자의 몫이 됩니다. 어쩌면 두 가지 해석의 가능성을 다 수용하는 방법도 있습니다. 하지만 그 해석이 어떤 것이 되든지, 우리 모두가 '죄인'이라는 자기 성찰을 기본으로 하지 않으면, 나는 의인이 되어 상대방을 혐오하는 함정에 빠지게 된다는 것을 잊어서는 안 될 것입니다.

묵상과 적용을 위한 질문

1. 당신의 소돔 성 사람들의 폭력성이 어떤 성격의 폭력성으로 해석하는지요? 나름의 이유를 생각해 보십시오.

2. 어떤 해석을 취하든지 당신이 잊지 말아야 할 태도는 어떠해야 합니까?

 나만의 묵상 메모

오늘 묵상을 통해 주신 깨달음에 대해 직접 기록해 보세요.

___

___

___

 저자와 함께 하는 한 줄 기도

　주님, 주님의 말씀을 묵상하고 해석할 때, 저의 생각이 경직되지 않기를 원합니다. 다양한 가능성을 열어두고, 앞뒤를 살펴서 정직한 해석을 할 수 있기를 원합니다. 거기에 더하여 주님의 마음을 느낄 수 있기를 원합니다.

기·도·와·결·단

　오늘 묵상한 말씀의 적용과 삶의 결단을 담아 자신의 기도를 적어 보세요.

___

___

___

___

Day 18

세속에 물들어 버린 의인

오늘의 본문

> 창세기 19:12-38 (NKRV)

¹²그 사람들이 롯에게 이르되 이 외에 네게 속한 자가 또 있느냐 네 사위나 자녀나 성 중에 네게 속한 자들을 다 성 밖으로 이끌어 내라 ¹³그들에 대한 부르짖음이 여호와 앞에 크므로 여호와께서 이 곳을 멸하시려고 우리를 보내셨나니 우리가 멸하리라 ¹⁴롯이 나가서 그 딸들과 결혼할 사위들에게 말하여 이르기를 여호와께서 이 성을 멸하실 터이니 너희는 일어나 이 곳에서 떠나라 하되 그의 사위들은 농담으로 여겼더라 ¹⁵동틀 때에 천사가 롯을 재촉하여 이르되 일어나 여기 있는 네 아내와 두 딸을 이끌어 내라 이 성의 죄악 중에 함께 멸망할까 하노라 ¹⁶그러나 롯이 지체하매 그 사람들이 롯의 손과 그 아내의 손과 두 딸의 손을 잡아 인도하여 성 밖에 두니 여호와께서 그에게 자비를 더하심이었더라 ¹⁷그 사람들이 그들을 밖으로 이끌어 낸 후에 이르되 도망하여 생명을 보존하라 돌아보거나 들에 머물지 말고 산으로 도망하여 멸망함을 면하라 ¹⁸롯이 그들에게 이르되 내 주여 그리 마옵소서 ¹⁹주의 종이 주께 은혜를 입었고 주께서 큰 인자를 내게 베푸사 내 생명을 구원하시오나 내가 도망하여 산에까지 갈 수 없나이다 두렵건대 재앙을 만나 죽을까 하나이다 ²⁰보소서 저 성읍은 도망하기에 가깝고 작기도 하오니 나를 그 곳으로 도망하게 하소서 이는 작은 성읍이 아니니이까 내 생명이 보존되리이다 ²¹그가 그에게 이르되 내가 이 일에도 네 소원을 들었은즉 네가 말하는 그 성읍을 멸하지 아니하리니 ²²그리로 속히 도망하라 네가 거기 이르기까지는 내가 아무 일도 행할 수 없노라 하였더라 그러므로 그 성읍 이름을 소알이라 불렀더라 ²³롯이 소알에 들어갈 때에

해가 돋았더라 ²⁴여호와께서 하늘 곧 여호와께로부터 유황과 불을 소돔과 고모라에 비같이 내리사 ²⁵그 성들과 온 들과 성에 거주하는 모든 백성과 땅에 난 것을 다 엎어 멸하셨더라 ²⁶롯의 아내는 뒤를 돌아보았으므로 소금 기둥이 되었더라 ²⁷아브라함이 그 아침에 일찍이 일어나 여호와 앞에 서 있던 곳에 이르러 ²⁸소돔과 고모라와 그 온 지역을 향하여 눈을 들어 연기가 옹기 가마의 연기같이 치솟음을 보았더라 ²⁹하나님이 그 지역의 성을 멸하실 때 곧 롯이 거주하는 성을 엎으실 때에 하나님이 아브라함을 생각하사 롯을 그 엎으시는 중에서 내보내셨더라 ³⁰롯이 소알에 거주하기를 두려워하여 두 딸과 함께 소알에서 나와 산에 올라가 거주하되 그 두 딸과 함께 굴에 거주하였더니 ³¹큰 딸이 작은 딸에게 이르되 우리 아버지는 늙으셨고 온 세상의 도리를 따라 우리의 배필 될 사람이 이 땅에는 없으니 ³²우리가 우리 아버지에게 술을 마시게 하고 동침하여 우리 아버지로 말미암아 후손을 이어가자 하고 ³³그 밤에 그들이 아버지에게 술을 마시게 하고 큰 딸이 들어가서 그 아버지와 동침하니라 그러나 그 아버지는 그 딸이 눕고 일어나는 것을 깨닫지 못하였더라 ³⁴이튿날 큰 딸이 작은 딸에게 이르되 어제 밤에는 내가 우리 아버지와 동침하였으니 오늘 밤에도 우리가 아버지에게 술을 마시게 하고 네가 들어가 동침하고 우리가 아버지로 말미암아 후손을 이어가자 하고 ³⁵그 밤에도 그들이 아버지에게 술을 마시게 하고 작은 딸이 일어나 아버지와 동침하니라 그러나 아버지는 그 딸이 눕고 일어나는 것을 깨닫지 못하였더라 ³⁶롯의 두 딸이 아버지로 말미암아 임신하고 ³⁷큰 딸은 아들을 낳아 이름을 모압이라 하였으니 오늘날 모압의 조상이요 ³⁸작은 딸도 아들을 낳아 이름을 벤암미라 하였으니 오늘날 암몬 자손의 조상이었더라

저자 해설 및 묵상

어느 드라마에 나온 대사 중에 이런 것이 있었습니다. "내가 누구

에게는 천사와 같을지 몰라도, 다른 사람에게는 악마로 보일 수 있다." 이 말의 의미는 어느 누구도 한결 같은 모습일 수 없다는 거지요. 지난 시간의 롯은 자기가 영접한 나그네들을 지키려는 모습을 보였습니다. 하지만 그는 그들을 지키기 위하여 자기 두 딸을 다른 사람들에게 넘겨버리려 하였습니다. 그것도 이미 정혼한 딸들을 말이지요. 한 편으로는 의로운 사람이지만, 다른 한 편으로는 그렇지 못한 면을 보여주고 있습니다.

두 천사는 이러한 롯에게 그의 가족을 데리고 소돔 성을 빨리 떠나라고 재촉합니다. 곧 이 성이 초토화될 것이라고 두 천사가 경고했습니다. 그래서 롯은 가능하면 두 사위도 데려가려고 했으나, 그들은 떠나기를 거부합니다. 사실은 롯도 떠나기를 머뭇거렸습니다. 솔직히 말해서, 롯에게 소돔 성은 매력적인 도시였으니까요. 이 성에 사는 삶에 어느새 익숙해져 버린 거지요. 그러나 이 성이 곧 파괴된다는 얘기를 듣고는 어떻게 해야 할지 몰라 우왕좌왕했던 것 같습니다.

이런 롯과 그의 가족을 도피시키기 위해 두 천사가 각각의 손을 잡고는 성 밖으로 데리고 나갔습니다. 그리고는 되도록이면 멀리 도망하라고 재촉합니다. "돌아보거나 들에 머물지 말고 산으로 도망하라"고 지시합니다. 돌아본다거나 머물게 되면, 소돔 성 일대가 파괴될 때 일어나는 파괴력에 살아남지 못하기 때문입니다.

천사는 롯에게 산으로 도망을 가라고 지시합니다. 그런데 롯은 산으로는 도망을 하지 못하겠다고 읍소합니다. 산 대신에 소알 성을 가리키며 거기로 가겠다고 합니다. 그 바람에 파괴될 뻔했던 소알

성은 무사했습니다. 롯은 소돔 성의 삶에 젖어있어서, 더 이상 도시 생활이 아니면 견딜 수가 없게 되었습니다. 그래서 두 천사에게 사정사정을 해서 소알로 가게 된 것이지요. 그러나 거기에 있은지 얼마 안돼서 소알 성을 빠져 나와 산으로 도망을 쳤습니다. 왜 그랬을까요? 아마도 소알이 소돔보다 작아서 저들의 죄악이 소돔보다 나을 것 같았는데, 지내보니 규모만 작아졌을 뿐 저들이 벌이는 악행 또한 하나님의 진노를 피할 수 없던 것 같습니다.

롯 집안이 소돔 성의 삶에 너무나 익숙해져 있었다는 것을 단적으로 보여주는 사람이 바로 롯의 아내입니다. 그는 천사들이 뒤를 돌아보지도 말고 머뭇거리지도 말라고 경고했는데도 불구하고 멀어지는 소돔 성을 뒤돌아보느라 지체가 되어버렸습니다. 그때에 지면이 흔들리더니 땅이 터져서는 롯의 아내를 덮쳐 버렸습니다. 성경은 그가 소금기둥이 되어버렸다 했습니다. 롯은 롯대로 소돔에 미련을 버리지 못해서 소알 성으로, 아내는 아내대로 지체하다가 소금기둥이 되어 버린 겁니다.

그는 요단 강 서편 산악 지역에 살고 있는 삼촌 아브라함을 찾아가는 대신에 그 반대 편 산악지대 쪽으로 갔습니다. 그는 삼촌의 장막 안에 드는 대신에 오히려 더 멀리 반대쪽으로 간 것입니다. 저 번에는 소돔 성에 들었다가 포로로 잡혀갔었는데, 이번에는 소돔 성이 파괴되는 바람에 삼촌의 장막으로 피하는 것이 자존심 상하는 일이 되었을 가능성이 크겠지요. 그렇게 그는 삼촌 아브라함과 더 멀리 거리를 두게 됩니다.

이러한 롯에게 더 기막힌 일이 벌어집니다. 두 딸이 아버지와 동

침하여 자식을 갖게 된 것입니다. 이 행위가 지금 우리의 입장에서는 말도 안 되지만, 고대 근동 사회에서 여자로서 집안의 대를 잇는 역할이 매우 중요했다는 것을 감안할 때 이 두 딸의 행위를 성적인 욕구를 채우려는 행위였다고 무조건 매도할 수는 없습니다. 그만큼 당시 여성이 느끼는 사회적 압박이 매우 컸다는 것을 반영하는 장면이라고 볼 수 있습니다. 이 두 딸의 자식의 후손이 각각 암몬 족속과 모압 족속이 되었다고 합니다. 이 기록은 출애굽을 하고 가나안 땅으로 들어가려고 시내 광야에서 지내고 있는 이스라엘 백성에게 암몬과 모압 족속의 유래를 알려주고 있습니다.

묵상과 적용을 위한 질문

1. 롯과 그의 가족이 소돔 성에 푹 빠져있는 모습에서 당신은 어떤 교훈을 얻습니까?

2. 삼촌에게로 돌아갈 수 있는 기회를 버리는 롯을 보면서 당신이 놓치지 말아야 할 것이 있다면 무엇입니까?

 나만의 묵상 메모

오늘 묵상을 통해 주신 깨달음에 대해 직접 기록해 보세요.

_____
_____
_____

 저자와 함께 하는 한 줄 기도

　주님, 주님의 말씀을 떠나 이 세대의 살아가는 재미에 빠져들어 무엇이 옳고 그른 것인지 분별하지 못하는 일이 없게 하소서. 혹, 잘못된 것을 알아 그 길을 벗어났을 때, 교회 공동체로 돌아가는 것을 부끄러워하지 않게 하소서.

기·도·와·결·단

　오늘 묵상한 말씀의 적용과 삶의 결단을 담아 자신의 기도를 적어 보세요.

_____
_____
_____

Day 19

다시는 하지 말아야 할 짓을 또 저지른 자

오늘의 본문

창세기 20:1-18 (NKRV)

¹아브라함이 거기서 네게브 땅으로 옮겨가 가데스와 술 사이 그랄에 거류하며 ²그의 아내 사라를 자기 누이라 하였으므로 그랄 왕 아비멜렉이 사람을 보내어 사라를 데려갔더니 ³그 밤에 하나님이 아비멜렉에게 현몽하시고 그에게 이르시되 네가 데려간 이 여인으로 말미암아 네가 죽으리니 그는 남편이 있는 여자임이라 ⁴아비멜렉이 그 여인을 가까이 하지 아니하였으므로 그가 대답하되 주여 주께서 의로운 백성도 멸하시나이까 ⁵그가 나에게 이르는 내 누이라고 하지 아니하였나이까 그 여인도 그는 내 오라비라 하였사오니 나는 온전한 마음과 깨끗한 손으로 이렇게 하였나이다 ⁶하나님이 꿈에 또 그에게 이르시되 네가 온전한 마음으로 이렇게 한 줄을 나도 알았으므로 너를 막아 내게 범죄하지 아니하게 하였나니 여인에게 가까이 하지 못하게 함이 이 때문이니라 ⁷이제 그 사람의 아내를 돌려보내라 그는 선지자라 그가 너를 위하여 기도하리니 네가 살려니와 네가 돌려보내지 아니하면 너와 네게 속한 자가 다 반드시 죽을 줄 알지니라 ⁸아비멜렉이 그 날 아침에 일찍이 일어나 모든 종들을 불러 그 모든 일을 말하여 들려 주니 그들이 심히 두려워하였더라 ⁹아비멜렉이 아브라함을 불러서 그에게 이르되 네가 어찌하여 우리에게 이렇게 하느냐 내가 무슨 죄를 네게 범하였기에 네가 나와 내 나라가 큰 죄에 빠질 뻔하게 하였느냐 네가 합당하지 아니한 일을 내게 행하였도다 하고 ¹⁰아비멜렉이 또 아브라함에게 이르되 네가 무슨 뜻으로 이렇

게 하였느냐 ¹¹아브라함이 이르되 이 곳에서는 하나님을 두려워함이 없으니 내 아내로 말미암아 사람들이 나를 죽일까 생각하였음이요 ¹²또 그는 정말로 나의 이복 누이로서 내 아내가 되었음이니라 ¹³하나님이 나를 내 아버지의 집을 떠나 두루 다니게 하실 때에 내가 아내에게 말하기를 이 후로 우리의 가는 곳마다 그대는 나를 그대의 오라비라 하라 이것이 그대가 내게 베풀 은혜라 하였었노라 ¹⁴아비멜렉이 양과 소와 종들을 이끌어 아브라함에게 주고 그의 아내 사라도 그에게 돌려보내고 ¹⁵아브라함에게 이르되 내 땅이 네 앞에 있으니 네가 보기에 좋은 대로 거주하라 하고 ¹⁶사라에게 이르되 내가 은 천 개를 네 오라비에게 주어서 그것으로 너와 함께 한 여러 사람 앞에서 네 수치를 가리게 하였노니 네 일이 다 해결되었느니라 ¹⁷아브라함이 하나님께 기도하매 하나님이 아비멜렉과 그의 아내와 여종을 치료하사 출산하게 하셨으니 ¹⁸여호와께서 이왕에 아브라함의 아내 사라의 일로 아비멜렉의 집의 모든 태를 닫으셨음이더라

저자 해설 및 묵상

드라마나 영화에서 보면, '사랑하니까 떠나보낸다'며 이별하는 안타까운 장면이 종종 등장합니다. 그렇게 사랑하는 사람을 떠나보내는 장면을 보면 왠지 마음이 에이는 것은 나만 느끼는 감정은 아닐 겁니다. 주인공의 심정이 그대로 전달된 까닭이겠지요. 그런데 냉정하게 생각해 보면, 사랑하는데 떠나보내는 것이 말이 될까 싶기도 합니다. 사랑은 책임을 지는 일이고, 사랑하면 끝까지 잘 지켜 주어야 하는 것 아닌가요. 그러니 '사랑하니 떠나 보낸다'는 건 말 장난에 지나지 않은, 실은 말도 안 되는 일이라 하겠습니다. 그런데 이 말도 안되는 일을 두 번이나 당했던 여인이 있었습니다. 그것도 같

은 사람에게 말입니다. 바로 사라입니다.

오래 전 사라는 남편에게 버림을 받는 심장을 에이는 듯한 아픔을 경험했던 적이 있습니다. 이집트의 바로에게 넘겨졌던 거지요. 그로부터 20여 년이 지난 지금 꼭 같은 일을 당합니다. 아브라함이 그랄 지방의 왕 아비멜렉에게 사라를 넘긴 겁니다. 아비멜렉이 사라를 빼앗기 위해 자기를 해칠까봐 두려웠기 때문입니다. 이전에는 이집트의 바로가 무서웠고 이번에는 그랄 왕 아비멜렉이 두려워, 꼭 같은 짓을 반복합니다. 참 비루한 인생이란 생각이 듭니다. 사라는 그렇게 자기 목숨을 잃을까봐 두려워하는 남편을 살리기 위해서, 팔려가는 상처를 두 번이나 겪습니다.

이집트는 워낙에 큰 나라였으니, 그 나라 왕이 무서워서 아내를 다른 사람에게 넘긴 걸 이해 못 할 바 아닙니다. 하지만 그랄은 이집트에 비할 나라가 아닙니다. 이집트에 비하면 한없이 왜소한 나라이지요. 그런데 어찌하여 아브라함은 그냥 무너지고 말았을까요? 25년 전에는 하나님이 어떤 분인지 잘 몰라서 그랬다고 이해할 수도 있습니다. 하지만 지금은 하나님이 어떤 분인지, 그분이 얼마나 큰 능력을 가지신 분인지를 잘 알고 있는데, 어찌하여 그런 비굴한 짓을 할 수가 있단 말인가요? 바벨론 연합군과의 전쟁에서 크게 이길 수 있었던 게 하나님의 능력 때문이라는 걸 알았는데, 어찌 이런 천박한 태도를 반복할 수 있는 걸까요? 자기의 하나님이 "천지의 주재시요, 지극히 높으신" 분이라는 것을 분명히 알았는데, 왜 아브라함은 하나님에 대한 믿음을 굳게 지키지 못한 걸까요?

아브라함이 아내 사라를 자기의 누이라고 하고 사라도 남편 아브라함을 오라버니라고 하니, 아비멜렉으로서는 덜컥 그 말을 믿었을 겁니다. 그런데 하나님이 꿈에 나타나셔서 엄포를 놓으시니 얼마나 놀라고 억울했을까요? 그래서 그는 '이건 억울하다'고 하나님께 토로합니다. 이런 험한 경고를 받을 만한 잘못을 저지르지 않았으니까요. 하나님도 그의 억울한 사정을 모르실 리 없습니다. 하여, 사라를 아브라함에게로 돌려보내라는 말씀으로 상황을 정돈하십니다.

이렇게 모든 사실을 알아버린 아비멜렉은 얼마나 화가 났겠습니까! 당장 아브라함을 불러 호통을 칩니다. 어찌하여 자기와 자기 나라를 큰 죄에 빠질 뻔하게 했냐는 것이지요. 그러자 아브라함이 변명을 늘어놓습니다. 오랜 나그네 생활에서 가장 걱정스런 것이 바로 자기 아내의 아름다움이었다고 말입니다. 어느 힘 있는 자가 사라를 빼앗기 위해 자기를 죽이면 어쩌나, 그게 두려웠다는 것입니다. 그래서, 혹 그런 상황이 생기면 자기 목숨을 부지하려고 아내와 말을 맞춰 둔 일이 있었다고 대답을 합니다. 궁색하기 짝이 없는 변명입니다.

가나안 사람들은 '아브라함의 하나님'을 알지도 못하고 두려워하지도 않을 것이기에, 자기에게 함부로 대할 거라고 생각했다는 겁니다. 하나님의 부르심을 따라 가나안까지 왔지만, 아브라함은 아직 그 땅에 정착하지 못한 힘없는 나그네일 뿐이었습니다. 그러니 가나안 부족들에 비하자면 자기가 형편없이 약한 자라고 여겼던 것이지요. 고대 근동의 세계관은 한 부족/민족의 힘과 그 부족/민족이 섬기는 신의 힘이 비례한다고 믿었습니다. 아브라함은 아직 초라한 부족의 족장일 뿐이라, 자기가 섬기는 여호와 하나님의 능력 또한 작다고 여겼던 겁니다. 지난번 바벨론 연합군을 제압하신 하나님이 자기의 하나님인 것을 알면서도 말입니다. 인간이라는 존재가 이렇게 불완전합니다. 그토록 또렷하게 하나님을 경험했다 할지라도, 한 순간 신뢰감을 상실하니 말입니다. 삶의 현장에서 하나님을 경험했다 할지라도, 그 감격이 오래 지속되지 못하는 것 같습니다. 새로운 도전 앞에 서면, 앞선 경험이 어디론가 사라져 버립니다. 마치 '이런 일은 처음'이라는 듯 벌벌 떨고 있는 자신을 발견하게 되니까요.

그런데, 하나님께서는 이렇듯 형편없는 처신으로 일관하는 아브라함을 나무라지 않으시네요. 큰 소리라도 쳐서 혼쭐을 내 줄 법도 한데, 그러시질 않는 겁니다. 왜 그러셨을까요? 과거에는 그가 하나님을 잘 몰랐다 하더라도, 지금은 다른 상황이 아닙니까? 이제는 알 만한 것은 다 알았는데, 어찌하여 이렇게 위축되어 버렸단 말입니까? 무엇이 그에게 문제였는지 아리송하네요.

하나님께서 아비멜렉에게 하신 말씀을 잘 들어보면 그 까닭을 좀 알 수 있는 것 같습니다. 하나님께서 아비멜렉에게 '아브라함은 예언자'라고 말씀하십니다(20:7). 예언자는 신의 계시를 받아 사람들에게 알리는 자입니다. 사람들을 위하여 신에게 탄원하는 역할도 하지요. 그런데 하나님께서 아브라함이 바로 '예언자'라 일컬으신 겁니다. 그러니 아무리 왕이라 해도 예언자를 함부로 대해서는 안됩니다. 도리어 하나님의 진노를 피하려면 아브라함에게 기도를 부탁해야 했던 거지요.

아브라함은 지난 번 이집트에서 겪은 일로 하나님께서 그 어느 힘 센 나라의 신보다 강하신 분이라는 걸 알았습니다. 하지만, 그것 만으로는 충분하지 않았지요. 하나님이 누구신지를 알았다 할지라도 거기에 멈추고 말면, 하나님을 제대로 안다고 할 수 없거든요. 그러면 제대로 알려면 아브라함에게 무엇이 필요했을까요? 그것은 바로 '나는 어떤 존재인지'를 아는 겁니다. 내가 하나님 안에서 누구인지를 알 때, 비로소 하나님을 제대로 알았다는 단계로 올라간다 할 수 있습니다. 하나님은 이 단계를 위하여, 아브라함의 잘못된 선택을 이용하여 아브라함이 넘지 못했던 '두려움'의 벽을 허물어 주십니다. 즉, 아브라함이 '하나님의 예언자'라는 거지요. 진즉부터 그걸 알았더라면 아비멜렉이 두려워 말도 안되는 헤프닝을 벌이지는 않았을 겁니다.

사실 아브라함은 가나안 지역에서 이미 많은 사람들이 알고 있는 인사가 되어 있었습니다. 더 이상 '허접한 인물'이 아니지요. 포로로 잡혀갔던 소돔과 고모라 사람들을 모두 귀환시킨 사람이 바로 아브라함이었으니까요. 그게 왠만한 사건이었겠습니까! 가나안 지역 모든 사람들이 놀랄 일이었지요. 자기 종들과 지역 토족 사람들을 데리고 가서는 그 강한 연합군을 물리쳤으니, 가나안 사람들이 아브라함을 이리저리 옮겨다니는 목축업자라고 어찌 그를 가볍게 볼 수 있었겠습니까? 그럼에도 불구하고 아브라함은 스스로를 초라하게 여기며 살아왔던 모양입니다. 그래서 이번에도 그렇게 터무니없는 사달을 낸 겁니다.

하지만 하나님은 더 이상 아브라함이 그런 열등감에 눌리지 않기를 바라셨던 것 같습니다. 그런 피해의식에 빠져 쥐구멍만 파고 사는 아브라함을 그냥 내버려 두지 않으시려는 거지요. 그래서 아브라함을 탓하시기보다는 이미 벌어진 상황을 이용하셔서 자기 자신이 꽤 괜찮은 사람이라는 걸 알 수 있게 하십니다. 이제부터는 주눅들어 자기에게 주어진 정당한 삶의 권리도 찾지 못하는 삶을 벗어나게 하십니다. 어찌 보면, 첫 번째 넘어졌을 때는 하나님에 대한 그림이 제대로 없어서 그랬다면, 두 번째는 자기가 누구인지를 몰라서 그랬다고 볼 수 있을 것 같습니다.

하나님께서 아브라함을 다루시는 모습을 보면, 우리가 잘못된 선택을 했을 때 어떻게 우리를 다루실지도 짐작할 수 있습니다. 유난히 고약한 사람이 아닌 경우라면, 우리 중 일부러 잘못을 저지르려는 사람은 흔치 않을 겁니다. 대개는 어떤 돌뿌리에 걸려 넘어지는 거지요. 하나님께서는 우리가 넘어진 사실 그 자체만을 가지고 무턱대고 꾸짖거나 징계하시는 분이 아니라는 겁니다. 오히려 우리가 넘어진 '까닭'을 누구보다 잘 알고 이해하시는 분이십니다. 넘어진 원인을 잘 이해하고 풀어갈 수 있도록 잘 안내해 주시는 분, 그분이 우리의 하나님이십니다.

그런데 이 사건을 17장, 18장과 연계해 보면 한 가지 의문이 생깁니다. 17장에서는 하나님께서 아브라함에게 나타나셨고, 18장에서는 사라에게 나타나셨습니다. '내년 이맘때에 아들을 주시겠다'는 약속과 함께 말입니다. 평소에는 아브라함에게만 나타나셨는데, 이번에는 사라에게도 나타나셨다는 겁니다. 왜 그러셨을까요? 어쩌면 두 사람의 동침을 돕기 위해서는 아니었을까요? 그간 아브라함과 사라는 의사소통도 원만치 못했던 것 같습니다. 그러니 생리까지 끊긴 사라가 '하나님의 약속' 운운하는 아브라함의 말을 선뜻 받아들이기가 어려웠을 겁니다. 믿음의 징표로 할례를 행하기는 했어도, 실은 둘 사이에 서로 소통도 제대로 이뤄지지 않은 것도 보이고요. 게다가 사라가 생리가 끊어진 지가 어느 정도 되었기 때문에 사라로서는 아브라함이 하나님의 약속을 얘기했다 하더라도 받아들이기가 어려웠을 것이다. 그런데 어쩌면 아브라함도 하나님의 약속을 액면 그대로 믿지 못하는 것은 매 한 가지였을 테고요. 그러니 하나님께서 직접 오셨어야만 했던 것 같습니다.

하나님이 방문하신 후, 소돔과 고모라의 멸망을 목격했지만, 아직도 둘 사이에서 아이가 생긴다는 하나님의 약속이 믿어지지가 않았던 것 같습니다. 하나님의 말씀을 믿었다면, 아비멜렉에게 아내를 넘기지 않았겠지요. 사라도 자기 남편을 오라버니라고 둘러대지 않았을 것입니다. 그들이 동침을 했다면, 그래서 산기를 느꼈다면 그런 짓을 하지 않았을 것이다. 그들은 아직 믿어지지가 않았기 때문에, 동침도 하지 않았을 가능성이 큽니다. 만약에 두 사람이 하나님의 약속을 믿고 두 사람이 동침을 했다면, 그래서 산기를 느꼈다면, '아비멜렉 해프닝'은 일어나지 않았을 겁니다. 약속을 믿지 못했고, 그러니 잠자리도 같이 하지 않았던 것이지요. 그리고는 아비멜렉에게 자기 아내를 넘겨 버립니다. '내년 이맘때 사라에게 아이가 태어날 것'이라고 분명히 말씀하셨는데 말입니다.

흥미로운 것은 그럼에도 아비멜렉 사건으로 두 사람은 하나님의 보호하심을 경험하게 됩니다. 사라를 아비멜렉이 손끝 하나 건드리지 못하게 하신 하나님을 경험하게 된 것이지요. 그건 아브라함뿐 아니라 사라의 경험이 되기도 했습니다. 이 일을 통해 하나님께서 자기들에 하신 약속이 허풍이 아니라는 걸, 그게 참된 약속이란 걸 인정했을 겁니다 그 약속을 믿고 두 사람이 잠자리를 같이 했다면, 아비멜렉 사건은 아브라함과 사라가 동침 계기를 마련해 준 것이라 하겠습니다.

　이렇듯 하나님께서는 당신의 약속을 위해 '믿음 약한' 두 사람을 찾아가십니다. 하나님의 약속을 꼭 붙들 수 있도록, 여러 사건과 여러 인물을 등장시키시며 아브라함과 사라를 설득하십니다. 이러한 하나님이 바로 우리의 하나님, 나의 하나님이십니다. 하나님의 약속을 잘 받아들이도록 하시려는 하나님의 설득은 지금도 멈추지 않습니다. 우리의 삶의 현장, 구체적 삶의 자리에 찾아오셔서 지금도 우리를 설득하고 계십니다.

묵상과 적용을 위한 질문

1. 아브라함의 계속되는 헛발질의 원인을 다루시는 하나님이 당신에게는 어떻게 느껴집니까?

_____
_____

2. 하나님이 누구신지 아는 것과 당신이 누군지 아는 것이 당신의 신앙을 형성한다는 사실을 알았습니다. 이것을 섭리하시는 하나님은 당신에게 어떤 분이십니까?

 나만의 묵상 메모

오늘 묵상을 통해 주신 깨달음에 대해 직접 기록해 보세요.

저자와 함께 하는 한 줄 기도

주님, 제가 제대로 알지 못하여 넘어지는 것을 통해서도 주님을 향한 믿음의 사람으로 세워가는 통로로 사용하시는 것에 감사드립니다. 제가 주님 안에서 어떤 존재인지 제대로 알아서 흔들림 없는 믿음의 사람으로 서기를 원합니다.

기·도·와·결·단

오늘 묵상한 말씀의 적용과 삶의 결단을 담아 자신의 기도를 적어 보세요.

Day 20

약속을 이루신 하나님

오늘의 본문

창세기 21:1-7 (NKRV)

¹여호와께서 말씀하신 대로 사라를 돌보셨고 여호와께서 말씀하신 대로 사라에게 행하셨으므로 ²사라가 임신하고 하나님이 말씀하신 시기가 되어 노년의 아브라함에게 아들을 낳으니 ³아브라함이 그에게 태어난 아들 곧 사라가 자기에게 낳은 아들을 이름하여 이삭이라 하였고 ⁴그 아들 이삭이 난 지 팔 일 만에 그가 하나님이 명령하신 대로 할례를 행하였더라 ⁵아브라함이 그의 아들 이삭이 그에게 태어날 때에 백 세라 ⁶사라가 이르되 하나님이 나를 웃게 하시니 듣는 자가 다 나와 함께 웃으리로다 ⁷또 이르되 사라가 자식들을 젖먹이겠다고 누가 아브라함에게 말하였으리요마는 아브라함의 노경에 내가 아들을 낳았도다 하니라

저자 해설 및 묵상

아브라함과 사라의 동침은 참 어려운 가운데 이루어졌습니다. 자식없이 오랫동안 지내온 데다 둘 다 생리 현상이 중단되었기 때문에 자식을 얻는다는 것이 불가능하다고 생각했던 두 사람이었습니다. 게다가 나이도 많이 들어서 두 사람의 부부생활도 어색할 정도가 되

었을 가능성이 큽니다. 더구나 젊은 아내 하갈이 있었고, 아들 이스마엘이 있었기에 본처 사라와 아브라함 사이에 동침은 거의 없었다고 보아도 틀림이 없었을 겁니다. 하나님께서 아브라함에게 자식을 내년 이맘 때 주시겠다고 했을 때 아브라함은 웃었습니다. 말도 안된다고 여겼기 때문입니다.

그런데 하나님께서 느닷없이 오셔서는 아브라함에게는 할례를 행하라고 하시질 않나, 사라에게는 찾아오셔서 아이를 가지겠다는 사실을 말씀하시면서 사라와 실랑이를 벌이시기도 하셨습니다. 그 때, 하나님께서는 사라에게 내년 이맘 때 자식을 낳을 것이라 하셨는데, 이 말을 듣고 사라가 웃었습니다. 말도 안되는 얘기라고 생각했기 때문입니다.

이렇게 반신반의하는 두 사람은 가뜩이나 동침하는 것이 어색하기만 했을텐데 어찌 쉽게 같이 잘 수가 있었겠습니까? 그게 쉽지 않았을 것입니다. 그랬기에 아브라함은 전처럼 사라를 다른 사람에게 넘기게 된 것이지요. 만약에 둘이 동침을 해서 아이를 임신했다면 이런 일은 없었을 것입니다. 하지만 아브라함의 한심한 선택임에도 불구하고 오히려 이 일을 계기로 하나님께서 자기 아내 사라를 보호하셨다는 것을 알게 되고, 사라도 하나님의 뜻을 알아차린 것 같습니다. 둘이 합방을 하게 되고, 드디어 자식을 얻게 되었으니 말입니다. 참으로 두 사람을 설득하는 어려운 일을 주님께서 완수하셨습니다.

사라는 90세 나이에 낳은 자식을 놓고 정말 큰 감사의 마음을 드러냅니다. 아들의 이름이 "이삭" 입니다. 즉 '웃음'이라는 뜻이지요. 처음에는 '이삭'의 의미가 '하나님을 믿지 못한 웃음'이었는데, 이제 태어난 아이를 보면서 고백하는 '이삭'의 의미가 '약속을 성취하신 하나님의 신실하심에 대한 웃음'으로 바뀐 것입니다. 아무도 일어날 것이라고 상상도 못했던 일을 하나님께서 이루신 것입니다. 하나님은 마른 생명을 통해서 새로운 생명을 만드셨습니다. 불가능한 것을 가능한 것으로 만드신 분이셨습니다.

두 사람이 아들 이삭을 부를 때마다 무슨 기억이 떠오르겠습니까? "이삭아, 이삭아" 부를 때마다, 아브라함은 땅바닥에 머리를 조아리고 엎드려 있으면서 불신의 웃음을 기억할 것이고, 사라는 장막 뒤편에서 하나님의 약속의 말을 믿지 못해 지었던 실소를 기억했을 것입니다. 자신들의 약한 믿음과 전능하신 분의 신실하심을 항상 기억했을 겁니다.

묵상과 적용을 위한 질문

1. 당신이 기다리던 것을 하나님께서 이루셨던 경험이 있습니까? 그 당시에 어떤 마음이었는지요?

2. 그 당시의 경험을 통해 당신은 하나님이 어떤 분으로 기억이 되고 있는지요?

 **나만의 묵상 메모**

오늘 묵상을 통해 주신 깨달음에 대해 직접 기록해 보세요.

 저자와 함께 하는 한 줄 기도

주님, 주님의 마음을 이해하지 못해 기도하면서도 불만이 가득했던 적이 있었습니다. 하지만 주님께서 제가 생각지 못했던 면을 감안하셨다는 것을 알게 되었습니다. 제가 주님의 마음을 헤아린다는 것이 어렵다는 것을 알고 있습니다. 하지만 다 이해는 하지 못한다 해도, 주님의 신실하심을 신뢰하는 마음이 더욱 커질 수 있기를 구합니다.

기·도·와·결·단

오늘 묵상한 말씀의 적용과 삶의 결단을 담아 자신의 기도를 적어 보세요.

Day 21

하나님께 불필요한 존재는 없습니다

오늘의 본문

창세기 21:8-21 (NKRV)

8아이가 자라매 젖을 떼고 이삭이 젖을 떼는 날에 아브라함이 큰 잔치를 베풀었더라 9사라가 본즉 아브라함의 아들 애굽 여인 하갈의 아들이 이삭을 놀리는지라 10그가 아브라함에게 이르되 이 여종과 그 아들을 내쫓으라 이 종의 아들은 내 아들 이삭과 함께 기업을 얻지 못하리라 하므로 11아브라함이 그의 아들로 말미암아 그 일이 매우 근심이 되었더니 12하나님이 아브라함에게 이르시되 네 아이나 네 여종으로 말미암아 근심하지 말고 사라가 네게 이른 말을 다 들으라 이삭에게서 나는 자라야 네 씨라 부를 것임이니라 13그러나 여종의 아들도 네 씨니 내가 그로 한 민족을 이루게 하리라 하신지라 14아브라함이 아침에 일찍이 일어나 떡과 물 한 가죽부대를 가져다가 하갈의 어깨에 메워 주고 그 아이를 데리고 가게 하니 하갈이 나가서 브엘세바 광야에서 방황하더니 15가죽부대의 물이 떨어진지라 그 자식을 관목덤불 아래에 두고 16이르되 아이가 죽는 것을 차마 보지 못하겠다 하고 화살 한 바탕 거리 떨어져 마주 앉아 바라보며 소리 내어 우니 17하나님이 그 어린 아이의 소리를 들으셨으므로 하나님의 사자가 하늘에서부터 하갈을 불러 이르시되 하갈아 무슨 일이냐 두려워하지 말라 하나님이 저기 있는 아이의 소리를 들으셨나니 18일어나 아이를 일으켜 네 손으로 붙들라 그가 큰 민족을 이루게 하리라 하시니라 19하나님이 하갈의 눈을 밝히셨으므로 샘물을 보고 가서 가죽부대에 물을 채워다가 그 아이에게 마시게 하였더라 20하

나님이 그 아이와 함께 계시매 그가 장성하여 광야에서 거주하며 활 쏘는 자가 되었더니 ²¹그가 바란 광야에 거주할 때에 그의 어머니가 그를 위하여 애굽 땅에서 아내를 얻어 주었더라

저자 해설 및 묵상

아브라함이 하갈을 취해서 낳은 아들이 이스마엘입니다. 그런데 이스마엘에 대한 오해가 교회 안에 만연합니다. 오늘날 기독교 국가와 이슬람 국가 사이의 갈등이 오래 전 아브라함의 잘못된 선택 때문이라는 겁니다. 이스마엘이 현재의 이슬람교의 조상이라고 보고 있고, 이 이슬람교에 속한 사람들을 무슬림이라고 합니다. 중동의 아랍 국가들이 여기에 속한다고 알고 있습니다. 반면, 유대교는 기독교와 뿌리가 같다고 생각합니다. 하여, 이슬람교에 대해서는 한없이 적대적이면서, 유대교에는 더없이 우호적이지요. 일종의 편견입니다. 게다가 이슬람 국가에서 조직된 알카에다나 ISIS와 같은 테러리스트 때문에 이러한 편견의 벽이 더 두터워졌습니다.

문제는 대부분 이러한 편견의 근거를 성경에 두고 있다는 것입니다. 아브라함이 하갈을 통해 낳은 자식 이스마엘로 인해 이 지경이 되었다는 거지요. 미국을 비롯한 서방국가와 이스라엘을 겨눈 이슬람권의 테러가 그 근원을 거슬러 올라가면 이스마엘에 닿는다고 생각합니다. 아직도 비서구권 사람들 중에는 이른바 '서방 국가'를 '기독교 국가'로 여기는 이들이 많습니다. 미국의 경우는 자기 나라를 기독교 국가라고 여기는 사람이 다수 있습니다.

이렇듯 아랍 지역을 기반으로 한 테러리즘 현상에 대한 원인을 창세기 16장에서 찾는 기독교인들이 많습니다. 하나님께서 '이스마엘의 후손이 들나귀처럼 될 것이고, 좌충우돌 마구 싸움을 거는 자가 될 것'이라고 예언하셨다는 거지요. 그래서 이스마엘의 후손인 아랍 국가들이 이스라엘과 서방 국가, 특히 미국에 적대적인 것이라고 이해하고 있습니다. 이런 해석은 기독교 안에서 주류를 이룹니다. 때문에 많은 기독교인들이 이슬람에 부정적인 시각을 가지고 있습니다.

그런데, 창세기 16장 12절의 두 아들 곧 이스마엘과 이삭 사이의 갈등 관계를 이슬람과 기독교의 종교 갈등으로 연계해서 보는 것이 타당할까요? '이스마엘이 들나귀처럼 될 것이라'는 게 대체 무슨 뜻일까요? 이스마엘을 위한 축복의 예언일까요, 아니면 저주의 예언일까요?

16장에 보면, 여주인 사라에게 시달렸던 하갈은 견디다 못해 아브라함의 집에서 도망쳐 나옵니다. 도망나간 들에서 하나님을 만나지요. 하나님께서는 하갈에게 다시 주인 집으로 돌아가라고 하십니다. 그리고는 약속하셨습니다. '하갈의 자손이 셀 수도 없이 불어나게 하겠다'는 약속 말입니다. 그의 아들 이스마엘이 '들나귀처럼 될 것이며, 모든 사람과 싸울 것이고, 자기의 모든 친족과 대결하며 살아갈 것'이라는 언급도 함께 하셨습니다.

그후 17년쯤 후, 이삭이 사라에게서 태어나고, 2-3년쯤 지나 젖을 뗄 때 쯤에, 하갈은 이스마엘과 함께 광야로 쫓겨납니다. 그런데 이번에는 하나님께서 하갈과 이스마엘을 떠나보내라고 아브라함에게 말씀하십니다. 그 두 모자를 하나님께서 돌보실테니까, 근심하지 말고 떠나보내라고 하셨습니다. 그래서 아브라함을 떠나 광야로 간 하갈에게 하나님께서는 다시 그의 아들에게 복을 주시겠다고 약속하지요. 이스마엘은 비록 하나님 언약의 계승자가 되지는 못하지만, 그도 역시 한 민족이 될 것이라고 말씀하십니다. 쫓겨난 하갈에게도 이스마엘의 후손이 큰 민족이 될 것이라고 약속하십니다(21:13, 18). 이삭은 아브라함에게 하신 하나님의 약속을 이어받을 것입니다. 그렇다면, 약속을 이어받지 못하는 이스마엘은 반드시 '이삭—약속'의 대적자가 되어야만 하는 것일까요?

하나님께서 아브라함을 택하여 언약을 맺으신 까닭은, 하나님의 '복'이 당신이 창조하신 세상/인류에게 넘쳐 흐르게 하시기 위함이었습니다. 그런고로 아브라함 언약의 계승자가 된다는 것은 '모든 민족에게 복'이 된다는 것을 뜻합니다. 이스라엘 민족이 하나님이 원하시는 믿음의 공동체가 되어 하나님의 의를 실현하는 나라가 되는 것이지요. 궁극적으로는 예수께서 메시아로 오셔서 이루실 '나라'에 대한 약속이라 하겠습니다. 그런데 이 약속을 이스마엘이 아니라 이삭에게 주신다는 것입니다. 그렇다면 이스마엘과 그의 후손은 이삭을 통해 흐르는 약속의 수혜자가 될 것이라 보아야 합니다. 아브라함 언약이 이삭으로 이어진다는 것이, 하나님의 '복'에서 이스마엘을 배제한다는 것을 뜻하지 않는다는 말입니다. 도리어 이스마엘(자손)은 이삭을 통해 아브라함 언약의 수혜자가 될 것입니다.

이렇듯 이삭과 이스마엘의 관계는 적대 관계가 아니라 시혜자—수혜자의 우호 관계입니다. 이것이 하나님께서 이스라엘을 통해서 세워가실 그림이었습니다. 사실 문제는 이러한 하나님의 구상을 제대로 이해하지 못한 이스라엘 민족에게 있습니다. 하나님의 뜻을 분별하지 못한 이스라엘이 그릇된 선민의식으로 하나님의 큰 그림을 엉망으로 만들었다고나 할까요.

그렇다면, 하나님께서 이스마엘에게 하신 약속도 부정적인 예언으로 볼 필요가 없습니다. 도리어 이스마엘을 위한 복된 약속이라고 볼 수 있습니다. 이스마엘의 후손이 '호전적인 민족'이 될 것이라는 부정적인 예언이 아닌 겁니다. 이스마엘이 '들나귀'처럼 될 것이라는 예언은 이런 맥락에서 이해해야 합니다. 하갈과 이스마엘에 대한 예언의 문맥과 정황은 '저주'가 아니라 '위로'와 '희망'이라고 보는 게 자연스럽습니다. '들나귀'가 가지는 의미는 '호전적'이라기 보다는 '길들이기 어려운 존재'로 보는 게 타당합니다. 다시 말해서, 주변의 어느 나라도 이스마엘의 후손을 마음대로 휘두를 수 없게 하시겠다는 하나님의 약속이었습니다.

하갈은 노예 출신의 여자입니다. 동시대에 가장 힘없는 신분이지요. 이스마엘도 완전한 성인은 아니었습니다. 창 21:15-17에 보면, 광야로 쫓겨난 이스마엘이 쓰러져 울고 있는 장면이 있습니다. 그 당시 이스마엘의 나이가 대략 열일곱쯤 됩니다. 그만하면 하갈 보다는 더 건장한 체력을 가졌을 텐데, 자기 어머니보다 먼저 쓰러집니다.

한편, 이스마엘은 그렇게도 좋아했던 아버지로부터 쫓겨나는 일이 큰 충격이었을 겁니다. '아버지' 품에 안기고 '아들' 쓰다듬던 서로의 세월이 얼만데, 어찌 이럴 수가 있단 말입니까! 나귀 한 마리 없이, 먹거리 조금, 물 한 가죽부대만 쥐어 주고 떠나라니요! 나가 죽으라는 말 아닌가요? 그토록 존경하고 좋아하던 아버지로부터 버림받은 이스마엘이 받았을 충격이란 이루 말할 수 없는 것이었겠지요. 그간 사라의 곱지 않은 시선을 비수처럼 안고 살면서도 견딜 수 있었던 건 '아버지' 때문이었을 겁니다. 이삭이 태어난 후 받는 푸대접도 '아버지' 때문에 견딜 수 있었겠지요. 그런데 하루 아침에 '아버지'에게 버림받고 쫓겨난 처지가 되었습니다. 두려움은 그만두고 서러움에 몸조차 가누지 못했을 겁니다. 더 이상 살아야 할 이유를 찾지 못했을 테니까요.

이런 아들을 지켜보는 어미 마음이 어땠을지요. 서럽고 원통한 이 처지를 누구에게 하소연할 수 있을까요? 하소연한들 누구 한 사람이 모자의 신음에 귀를 기울여 주었을까요? 이것저것 다 떠나서 이제 살 길이 막막하기만 합니다. '무얼해서 먹고 살지' 하는 고민은 배부른 소리지요. 이 광야에서 살아 남기는 할 것인지, 금쪽 같은 내 아들을 이 척박한 광야에서 살려 낼 수 있을 것인지, 그게 두려웠겠지요. 지금 저 광야의 '하갈-이스마엘'은 가장 의지했던 사람에게서 가장 모질게 버려진 가장 딱한 사람들이었습니다.

이렇게 광야에서 절망에 빠져 신음하던 이 두 모자에게 하나님이 나타나십니다. 하갈과 이스마엘이 쏟아 놓은 신음을 나몰라라 하지 않으시고 찾아가 위로해 주십니다. 애초 아브라함에게 두 사람을 내보내라고 하실 때, "그러나 여종의 아들도 네 씨니 내가 그로 한 민족을 이루게 하리라"고(21:13) 말씀하셨던 하나님이었습니다. 허튼 말씀/약속이 아니었던 것이지요. 말씀하신 대로 하갈과 이스마엘을 찾아가 그들을 안심시키십니다.

하나님은 그런 하나님이십니다. 그렇다면 '하갈―이스마엘'을 향한 하나님의 예언을 다시 조명해 보아야 합니다. 과연 그것이 저주에 가까운 예언이었을까요? 문맥의 흐름을 보면 그렇지 않다는 걸 알게 됩니다. 막막한 광야로 두 사람을 내보내는 아브라함에게 걱정 말라 하신 하나님입니다. 두 사람의 신음소리를 들으시고 위로하신 하나님이십니다. 그런 하나님께서 난데없이 저주의 예언을 하셨을 리 없는 거지요.

오히려 이 이야기는 하나님께서 힘없이 고통받는 모자를 긍휼히 여기셨다고 읽어야 마땅합니다. 이후 이스마엘이 다른 사람의 지배를 받아 신음하지 않을 것임을, 누구보다 당당하게 살아갈 것임을 약속하는 희망의 메시지이기 때문입니다. '모든 사람과 대적한다'든가 '모든 친족과 대결한다'는 말씀이, 다른 이의 지배에 무릎 꿇지 않고 당당히 맞서게 될 것이라는 예언인 거지요. 다시 말해, 누구도 이스마엘과 그의 후손을 노예처럼 함부로 부려먹을 수 없게 하실 거라는 하나님의 복된 약속이었던 겁니다.

자, 정리해 보겠습니다. 하갈과 이스마엘에 관한 이야기는 아브라함의 잘못된 선택의 결과가 나중에 얼마나 큰 불행의 열매를 맺는지를 보여주는 이야기로 보기 어렵습니다. 본문의 문맥과 배경이 그런 해석을 허락하지 않습니다. 아브라함의 잘못된 선택이 불행의 씨앗이 되고, 결국 이슬람이라는 테러 집단이 생겨 났다는 것은 성경에 대한 곡해입니다. 모든 '이슬람'이 호전적이라는 편견을 피력하며, 그 근거를 성경에서 찾는 일은 지양되어야 합니다. 또 교회가 그러한 논조를 부추겨도 안됩니다. 도리어 아브라함의 믿음 없는 선택에도 불구하고 약속하신 것을 이루시려는 하나님의 신실하심과 아브라함 언약의 계승자가 되지 못한 서러운 인생 '하갈―이스마엘'까지 챙기시는 하나님의 '은혜'를 읽어내야 할 것입니다.

이 이야기는 우리에게도 큰 은혜가 됩니다. 우리도 돌이킬 수 없는 선택으로 하나님의 뜻을 비껴가는 일이 허다하기 때문입니다. 깨진 접시 어쩔 수 없고, 쏟아진 물 다시 담을 수 없는 것 같은 날이 있습니다. 어리석음에 가슴을 치며 주저 앉아 절망과 신음에 빠진 날들이 있지요. 그때라도 아주 엎드러지지 않을, 다시 일어나 새 하늘을 바라볼 수 있게 할 깊고 넓은 은혜의 이야기가 바로 '하갈―이스마엘' 에피소드입니다. 하나님의 눈에는 가치없는 인간은 없습니다. 모두 하나님의 형상을 받은 존귀한 존재입니다. 그 맥락 안에서 우리는 다시 희망을 가질 수 있습니다

그래서 우리는 우리가 잘못해서 돌이킬 수 없는 선택을 했을 경우에도 우리는 이 모든 것을 세우실 수 있는 하나님 안에서 희망을 가질 수 있습니다. 이미 접시를 깨트려버려 다시 붙일 수가 없는 경우, 그리고 이미 물이 쏟아져 버려 다시 담을 수 없는 절망적인 상태에서도 주저앉기를 거부하고 전능하시며 온 세상의 일을 주관하시는 하나님께 달려갈 수 있는 희망을 지니게 됩니다. 이 희망의 메시지가 아브라함과 두 모자 하갈과 이스마엘의 이야기에 담겨있습니다.

이 시대에 나타난 중근동 지역의 뿌리깊은 충돌에 대해서는 정치적, 역사적인 배경을 제대로 알아야 합니다. 그래야 불의한 세력 때문에 고통받는 사람들을 위하여 기도할 수 있으며, 그곳에서 일어

나는 복잡다단한 국제 정세를 제대로 분별할 수 있는 지혜를 얻을 수 있으며, 쉽게 불의한 세력에 의해 이용당하지 않게 되리라 생각합니다.

묵상과 적용을 위한 질문

1. 당신의 잘못된 선택의 산물이라 할지라도 주님 안에서는 그것이 주님의 선한 목적으로 사용될 수 있다는 사실을 인정하실 수 있습니까?

2. 그렇게 인정할 수 있는 근거가 어디에 있습니까? 오늘의 본문에서 찾아보십시오.

나만의 묵상 메모

오늘 묵상을 통해 주신 깨달음에 대해 직접 기록해 보세요.

저자와 함께 하는 한 줄 기도

주님, 어느 사람도 함부로 대할 존재가 아닌 것을 기억하게 하십시오. 그리고 어리석은 선택으로 인해 예기치 않은 문제가 생기더라도 그것 때문에 절망하여 주저앉지 않기를 원합니다. 부족한 저에게 은혜를 베푸시는 주님의 자비에 감사를 드립니다.

기·도·와·결·단

오늘 묵상한 말씀의 적용과 삶의 결단을 담아 자신의 기도를 적어 보세요.

Day 22

드디어 약속의 성취를 보이시다

오늘의 본문

창세기 21:22-34 (NKRV)

²²그 때에 아비멜렉과 그 군대 장관 비골이 아브라함에게 말하여 이르되 네가 무슨 일을 하든지 하나님이 너와 함께 계시도다 ²³그런즉 너는 나와 내 아들과 내 손자에게 거짓되이 행하지 아니하기를 이제 여기서 하나님을 가리켜 내게 맹세하라 내가 네게 후대한 대로 너도 나와 네가 머무는 이 땅에 행할 것이니라 ²⁴아브라함이 이르되 내가 맹세하리라 하고 ²⁵아비멜렉의 종들이 아브라함의 우물을 빼앗은 일에 관하여 아브라함이 아비멜렉을 책망하매 ²⁶아비멜렉이 이르되 누가 그리하였는지 내가 알지 못하노라 너도 내게 알리지 아니하였고 나도 듣지 못하였더니 오늘에야 들었노라 ²⁷아브라함이 양과 소를 가져다가 아비멜렉에게 주고 두 사람이 서로 언약을 세우니라 ²⁸아브라함이 일곱 암양 새끼를 따로 놓으니 ²⁹아비멜렉이 아브라함에게 이르되 이 일곱 암양 새끼를 따로 놓음은 어찜이냐 ³⁰아브라함이 이르되 너는 내 손에서 이 암양 새끼 일곱을 받아 내가 이 우물 판 증거를 삼으라 하고 ³¹두 사람이 거기서 서로 맹세하였으므로 그 곳을 브엘세바라 이름하였더라 ³²그들이 브엘세바에서 언약을 세우매 아비멜렉과 그 군대 장관 비골은 떠나 블레셋 사람의 땅으로 돌아갔고 ³³아브라함은 브엘세바에 에셀 나무를 심고 거기서 영원하신 여호와의 이름을 불렀으며 ³⁴그가 블레셋 사람의 땅에서 여러 날을 지냈더라

저자 해설 및 묵상

아브라함은 얼마전에 그랄 왕 아비멜렉에게 큰 실례를 범했습니다. 자기 아내를 누이동생이라고 속여 아비멜렉의 첩으로 보냈던 적이 있었습니다. 하나님께서 개입하셔서 사라는 다시 아브라함에게로 돌아가게 되었던 사건이었지요. 그 일은 아브라함에게는 매우 수치스러운 일이 되었지만, 오히려 그 일 때문에 아비멜렉은 아브라함을 가볍게 볼 수가 없었던 것 같습니다. 그리고 아브라함은 자신을 하나님이 어떠한 존재로 여기고 계시는지 알게 되었습니다. 그는 하나님의 '선지자'였던 것이었습니다. 또한 아브라함은 하나님께서 내년 이맘때 사라를 통해 자식을 주시겠다는 말씀이 진실이었다는 것을 확인하는 순간이었습니다. 그래서 아브라함과 사라는 동침을 하게 되었고, 그렇게도 바라던 자식도 낳았습니다. 하나님께서 약속하셨던 것을 신실하게 지키셨습니다.

이런 아브라함 때문에 하나님께 혼줄이 난 적이 있었던 아비멜렉은 그 후로는 아브라함을 가볍게 볼 수가 없었을 겁니다. 그는 아브라함이 섬기는 여호와라는 신의 선지자라는 사실을 알게 되었기 때문에 더더군다나 조심스러웠을 겁니다. 그랬는데, 이 노인한테서 아이가 태어났다는 소식을 들었으니, 이 또한 얼마나 놀라운 일이겠습니까! 그 나이에 자식을 낳는다는 것은 있을 수 없는 일이었기 때문입니다.

그런데 더 기가 막힌 것은 자기가 시켜서 한 것은 아니지만, 자기 종들이 아브라함이 파놓은 우물을 빼앗는 바람에 다른 곳으로 가서 다시 팠는데, 물이 나온 겁니다. 아비멜렉이 찾아온 장소는 바로 새로 판 우물이 있는 곳입니다. 고대 근동의 팔레스타인 지역, 특히 브엘세바 지역은 물이 귀한 곳이었습니다. 그래서 우물이 매우 중요했는데, 우물을 파려면 매우 깊게 파야만 하는 어려운 작업이었습니다. 그리고 지하 어디에 물이 있는지 아는 것도 힘이 드는 일이었습니다. 그래서 우물을 찾는 일은 신적인 능력이 없이는 불가능하다고 믿었던 시대였습니다. 그러니 아비멜렉이 볼 때, 아브라함은 우물을 우연히 발견한 게 아닌 겁니다. 그의 신 여호와가 도우신 결과였다고 볼 수밖에 없었을 겁니다. 자기에게 나타나셔서 엄하게 꾸중하셨던 분이, 자식 낳은 것이 불가능한 두 노인에게 자식을 주고, 우물도 발견하게 해 주었으니, 아비멜렉으로서는 아브라함의 신 여호와 하나님이 두려울 수밖에 없었을 겁니다.

그래서 아비멜렉은 자신의 군대 장관을 대동해서 아브라함과 평화조약을 맺으려고 왔습니다. 비골 장군을 대동한 이유는 아브라함과의 평화조약이 민간 협정이 아니라 군사 협정이라는 것을 보여주고 있는 거지요. 그는 이렇게 말합니다. "네가 무슨 일을 하든지 하나님이 너와 함께 계시도다 23그런즉 너는 나와 내 아들과 내 손자에게 거짓되이 행하지 아니하기를 이제 여기서 하나님을 가리켜 내게 맹세하라 내가 네게 후대한 대로 너도 나와 네가 머무는 이 땅에 행할 것이니라."(22-23절) 가나안 땅 왕이 아브라함에게 자기네와 싸우지 말고 평화롭게 같이 살자고 요구하는 겁니다. 아브라함이 나그네로서 항상 두려움의 꼬리표를 달고 살았는데, 이제는 현지인이 아브라함을 두려워해서 싸우지 말고 잘 살자고 요청하는 일이 벌어진 겁니다.

　그러자 아브라함은 그동안 꾹꾹 담아놨던 불평을 늘어놓습니다. 자기가 파놓은 우물을 아비멜렉의 종들, 즉 주민들이 빼앗았다는 겁니다. 그러자 아비멜렉은 자기는 처음 듣는 일이라면서 발뺌을 하자, 아브라함은 둘 사이에 언약을 맺자고 요구합니다. 자기가 파놓은 이 우물이 자기의 것임을 확인해 달라는 거였습니다. 아비멜렉은 아브라함의 요구에 응했고, 둘 사이에는 평화조약이 맺어졌습니다. 그 우물이 이제는 아브라함의 것이 되었고, 그 주변 땅이 아브라함의 것이 된 것입니다.

　아브라함은 이렇게 평화조약이 끝나고 나서, 자기가 살고 있는 브엘세바에 에셀 나무를 심고, 거기서 영원하신 여호와의 이름을 불렀습니다. 그가 에셀 나무를 심은 이유는, 그 나무가 "영원한 생명"을 상징하는 나무였기 때문입니다. 다시 말해서, 하나님의 약속이 잊혀지지 않고, 끝까지 지켜지는 것을 경험한 아브라함은 여호와 하나님을 '영원한 생명'의 소유자로 찬양한 것입니다. 자신은 하나님을 불신하여 잘못된 선택을 반복했으나, 하나님은 한결 같으셨던 것을 찬양한 것입니다. 자기에 자식을 주셨고, 가나안 땅을 주시겠다고 하셨던 약속이 이뤄지는 것을 아비멜렉과의 평화 조약을 맺으면서 깨닫게 된 것입니다. 그가 처음 가나안 땅에 들어왔을 때, 주님께서 아브라함이 서있는 땅을 주시겠다고 했을 때, 그것을 불가능하다고 생각했었습니다. 그런데 주님께서는 가나안 땅 사람이 직접 자기들의 땅을 아브라함의 것으로 인정하는 조약을 맺었으니, 어찌 하나님의 약속을 잊을 수가 있겠습니까? 오히려 잊었던 약속을 기억하고 그 약속을 이루시는 하나님에 대한 감격에 에셀 나무를 심으며 여호와의 이름을 부르며 예배를 드린 것입니다.

아브라함은 지금 하나님께서 약속하셨던 땅과 자식을 얻고 이제 그 땅과 자식이 더 넓어지고 많아지는 일만 남은 것이지요. 약속은 성취되었고, 그 약속의 완성은 후대에 남겨진 몫이 된 것입니다.

묵상과 적용을 위한 질문

1. 당신의 일상에서 하나님이 동행하시는 것을 안 사람들이 있습니까?

2. 당신을 통해서 하나님이 이루시려는 것이 무엇입니까?

나만의 묵상 메모

오늘 묵상을 통해 주신 깨달음에 대해 직접 기록해 보세요.

🙏 저자와 함께 하는 한 줄 기도

주님, 저를 주님의 자녀로 부르시고 주님의 나라를 세워가시는 일에 동참할 수 있도록 해 주신 것 감사합니다. 이 임무를 충실하게 감당하기 원하며, 저의 일상 속에서 주님이 항상 함께 하신다고 하셨던 약속이 그대로 실현되고 있는 것을 제가 알 수 있기를 원하며, 주변에서도 그렇게 역사하시는 하나님을 알게 하소서.

🪴 기·도·와·결·단

오늘 묵상한 말씀의 적용과 삶의 결단을 담아 자신의 기도를 적어 보세요.

Day 23

믿음의 수준을 가늠하는 시험

오늘의 본문

창세기 22:1-19 (NKRV)

¹그 일 후에 하나님이 아브라함을 시험하시려고 그를 부르시되 아브라함아 하시니 그가 이르되 내가 여기 있나이다 ²여호와께서 이르시되 네 아들 네 사랑하는 독자 이삭을 데리고 모리아 땅으로 가서 내가 네게 일러 준 한 산 거기서 그를 번제로 드리라 ³아브라함이 아침에 일찍이 일어나 나귀에 안장을 지우고 두 종과 그의 아들 이삭을 데리고 번제에 쓸 나무를 쪼개어 가지고 떠나 하나님이 자기에게 일러 주신 곳으로 가더니 ⁴제삼일에 아브라함이 눈을 들어 그 곳을 멀리 바라본지라 ⁵이에 아브라함이 종들에게 이르되 너희는 나귀와 함께 여기서 기다리라 내가 아이와 함께 저기 가서 예배하고 우리가 너희에게로 돌아오리라 하고 ⁶아브라함이 이에 번제 나무를 가져다가 그의 아들 이삭에게 지우고 자기는 불과 칼을 손에 들고 두 사람이 동행하더니 ⁷이삭이 그 아버지 아브라함에게 말하여 이르되 내 아버지여 하니 그가 이르되 내 아들아 내가 여기 있노라 이삭이 이르되 불과 나무는 있거니와 번제할 어린 양은 어디 있나이까 ⁸아브라함이 이르되 내 아들아 번제할 어린 양은 하나님이 자기를 위하여 친히 준비하시리라 하고 두 사람이 함께 나아가서 ⁹하나님이 그에게 일러 주신 곳에 이른지라 이에 아브라함이 그 곳에 제단을 쌓고 나무를 벌여 놓고 그의 아들 이삭을 결박하여 제단 나무 위에 놓고 ¹⁰손을 내밀어 칼을 잡고 그 아들을 잡으려 하니 ¹¹여호와의 사자가 하늘에서부터 그를 불러 이르시되 아브라함아 아브라함아 하시는지라 아브라함이 이르되 내가 여기 있나이다 하매 ¹²사자가 이르시되 그 아이에게 네 손을 대지 말라 그에게 아무 일도 하지 말라 네가 네

아들 네 독자까지도 내게 아끼지 아니하였으니 내가 이제야 네가 하나님을 경외하는 줄을 아노라 [13]아브라함이 눈을 들어 살펴본즉 한 숫양이 뒤에 있는데 뿔이 수풀에 걸려 있는지라 아브라함이 가서 그 숫양을 가져다가 아들을 대신하여 번제로 드렸더라 [14]아브라함이 그 땅 이름을 여호와 이레라 하였으므로 오늘날까지 사람들이 이르기를 여호와의 산에서 준비되리라 하더라 [15]여호와의 사자가 하늘에서부터 두 번째 아브라함을 불러 [16]이르시되 여호와께서 이르시기를 내가 나를 가리켜 맹세하노니 네가 이같이 행하여 네 아들 네 독자도 아끼지 아니하였은즉 [17]내가 네게 큰 복을 주고 네 씨가 크게 번성하여 하늘의 별과 같고 바닷가의 모래와 같게 하리니 네 씨가 그 대적의 성문을 차지하리라 [18]또 네 씨로 말미암아 천하 만민이 복을 받으리니 이는 네가 나의 말을 준행하였음이니라 하셨다 하니라 [19]이에 아브라함이 그의 종들에게로 돌아가서 함께 떠나 브엘세바에 이르러 거기 거주하였더라

저자 해설 및 묵상

우리는 하나님 말씀에 순종하는 것이 당연하다고 배웠습니다. 하지만 어느 순종이 녹녹하던가요. 그래서 순종 못한 현실을 두고 '마음은 원이지만 육신이 약한 탓'이라고 스스로를 위안할 때가 많습니다. 문제는, 그런다고 해서 순종 없는 삶에 대한 불편한 마음이 사라지는 건 아니라는 겁니다. 그런데 아무리 죄송스런 마음이 크더라도 따르기 너무 힘든 명령도 있습니다. 이를테면 내 가족에 관한 범주가 그렇고, 그 명령이 부당해 보이는 경우가 그렇습니다. 상식적이거나 합리적이지 않은 경우에 더욱 따르기가 어렵습니다.

그런데 그 어려운, 아니 불가능에 가까운 순종을 선뜻 해 낸 성경

인물이 있습니다. 아브라함입니다. 오늘 이야기에서 보여주는 아브라함의 순종은 가히 우리의 통념을 넘어섭니다. 그래서일까요. 아브라함의 순종에 대한 설교를 통해 받는 도전은 무척 크지만, 그 순종을 범접할 엄두를 내지 못합니다. 그건 특별히 위대한 믿음의 거인들이나 할 수 있는 순종으로 치부하는 거지요. 우리 같은 개털 믿음이 할 수 있는 순종이 아니라는 생각이 드는 겁니다.

그런데 아브라함의 이런 순종은 아무래도 낯섭니다. 이제까지 보여준 아브라함의 모습과 너무 다르기 때문입니다. 하나님의 명령을 믿지 못해 툭하면 실수를 거듭하던 아브라함이 아닙니까? 그런데 어떻게 이 어려운 명령에 군말없이 순종할 수 있었을까요? 또, 하나님께서는 무슨 연유로 이런 모진 시험을 하셨던 걸까요?

이 문제를 살피기 위해 모리아 산으로 올라가는 아브라함을 먼저 헤아려야 할 것 같습니다. 하나님께서 부르셔서 "네 아들 네 사랑하는 독자 이삭을 데리고 모리아 땅으로 가서 내가 네게 일러 준 한 산 거기서 그를 번제로 드리라"고 말씀하십니다(22:2). 아브라함은 아침 일찍 일어나 나귀 등에 안장을 얹고 떠날 차비를 합니다. 이삭을 깨워 준비시키고, 두 종도 함께 데리고 떠납니다. 아브라함 일행은 사흘 만에 하나님이 정하신 장소에 도착합니다. 그리고는 두 종을 어귀에 두고 이삭과 함께 산을 올라갑니다.

산을 오르는 중에 이삭이 묻습니다. "불과 장작은 여기에 있습니다마는, 번제로 바칠 어린 양은 어디에 있습니까?" 참 난감한 질문입니다. "번제로 바칠 어린 양은 하나님이 손수 마련하여 주실 것이다." (22:7-8) 아브라함이 기약 없는 대답을 내 놓습니다. 산에 다 올랐습니다. 제사 드릴 장소를 물색하여 제단을 쌓고, 장작을 올려 놓았지요. 그리고는 이삭을 결박합니다. 제단 장작 위에 올려놓습니다. 이내 칼을 들어 아들을 죽이려고 합니다(22:9-10). 그런데, 바로 그 순간 하나님의 급한 음성이 전해집니다. 멈추라는 겁니다. 이제 다 알았노라고, 아브라함의 믿음과 순종을 칭찬하시며 '언약-복'을 내리십니다.

아브라함은 하나님의 시험을 통과한 것으로 보입니다. 그리고 그 시험은 '하나님께서 이 아이를 다시 살리실 것'이라는 아브라함의 믿음을 증명합니다(히 11:17-19). 그런데, 한 번 생각해 봅시다. 이러한 아브라함의 믿음이 현실성이 있을까요? 모리아 산 이야기에서 아브라함은 하나님의 명령에 토 하나 달지 않는 순종을 보여줍니다. 그런데, 이런 믿음이 현실성 있는가 말입니다. 우리가 그런 믿음을 가질 수 있을지, 사실 매우 회의적입니다. 평범한 수준에서는 평생 그만한 믿음을 갖추지 못할 것 같습니다.

그런데, 이 순종의 근원을 이렇게 접근해서 찾아보면 어떨까요? 브엘세바를 출발해 모리아 산에 이르기까지는 사흘 길입니다. 그 사흘 길을 가는 동안 아브라함의 심정은 어떠했을까요? 여기서 우리는 아브라함이 여느 사람과 다를 바 없는 인간적 고민이 깊었을 것이라는 걸 눈치 챌 수 있습니다. 아브라함의 소위 '영웅적 믿음'은 하늘에서 갑자기 뚝 떨어진 것이 아니었다는 말이지요. 인간이라면 누구나 통과해야 하는 깊은 상념과 고뇌의 터널을 아브라함도 똑같이 지나고 있었던 겁니다.

그걸 어떻게 알 수 있을까요? 이삭이 '제물은 어디에 있느냐' 고

묻는 장면을 주목해 봅시다. 이삭은 아버지 아브라함이 제단을 쌓고 번제물을 드리는 제사 장면을 여러 번 보았을 겁니다. 그러니 '제물은 어디 있느냐'고 물었겠지요. 제사법에 아주 익숙했다는 뜻입니다. 그런데 이삭이 '제물은 어디 있느냐'고 묻는 시점이 흥미롭습니다. 이삭은 그 질문을 모리아 산에 다 도착해서, 아버지와 단 둘이 정상으로 향할 때 묻습니다. 이삭과 아브라함의 나이 차이는 백 살입니다. 다른 집 같으면 손주와 할아버지 뻘인 거지요. 늦은 나이에 본 아들이니, 그 아들이 얼마나 예뻤을까요? 그런 아버지의 사랑을 한 몸에 받으며 자랐으니, 아버지와 아들의 친밀감은 남달랐겠지요.

아무튼, 이삭이 아버지와 함께 집을 떠날 때 제물이 없다는 걸 알았을 겁니다. 제사법에 익숙했으니까요. 평소 같았으면 "아빠, 제물 챙기는 것 잊었잖아. 제물 챙겨야지" 하고, 스스로 대견스러운 모습으로 아브라함을 보았을 이삭이었겠지요. 그런데 그 말을 하지 못합니다. 결국 모리아 산에 도착해서, 그것도 아버지와 단 둘이 산에 오르면서 궁금증을 이기지 못해 묻지요. '제물은 어디에 있느냐'고 말입니다. 이삭은 지난 사흘 동안 이 궁금증을 켜켜이 쌓아 두고 아버지의 표정만 살폈을 것 같습니다.

그러면 이삭은 왜 그제서야 물었던 걸까요? 이삭의 입장을 한 번 헤아려 봅시다. 제사를 위해 채비를 하고 집을 떠나는 아브라함의 얼굴이 환했을 리는 없었을 겁니다. 자식을 제물로 드려야 하는 제사, 그 길을 준비하고 떠나는 아비 마음이 오죽했을까요? 아마 그 무거운 마음이 그대로 얼굴에 쓰였을 겁니다. 이삭이 그 얼굴을 보았겠지요. 아무리 다정하게 대해 주는 아버지라 하지만, 이번 여행길의 분위기는 너무나 무겁기만 합니다. 그 바람에 함께 간 종들도 내심 안절부절할 수밖에 없었을 것입니다. 삼 일 길 내내 이삭은 아버지의 어두운 얼굴을 살폈을 겁니다. 쉽게 말을 붙이거나, 무언가를 묻기 어려운 분위기였다는 말입니다. 게다가 지금까지 제사를 지내기 위해서 이렇게 먼 길을 가본 적이 없었습니다. 지금까지 드렸던 제사는 모두 장막을 치고 지내는 장소였으니까요. 왜 모리아 산이어야 하는지도 무척 궁금한데, 이번에는 왜 이리 멀리 가서 제사를 지내야 하는지 알고 싶은데, 도무지 물을 분위기가 안됩니다.

삼 일 길, 아브라함의 심정은 이루 말할 수 없을만큼 복잡했을 겁니다. 낮에는 걸음이 떨어지지 않았을 거고, 밤에는 눈을 감지 못했을 테지요. 아들을 제물로 바치라니, 청천벽력 같은 말씀 아닙니까? 하나님의 명령을 도무지 이해하기 어려웠을 겁니다. 이삭이 누굽니까? 하나님께서 '약속' 하셨던 바로 그 아들 아닙니까? 그런데 그 아이를 제물로 바치라니, 그 아이를 죽이라니, 세상에 이런 법이 어디 있단 말입니까? 놀라운 건, 더할 나위 없이 부침이 컸을 아브라함이겠는데, 그럼에도 하나님의 명을 거부하지 않는다는 것입니다. 왜 그랬을까요? 하나님의 부르심을 받고 따른 지난 수십 년, 그동안 하나님의 뜻을 버리고 자기 생각대로 결정했을 때의 결과가 어떠했는지를 제대로 경험했기 때문일 겁니다. 하여, 하나님의 명령을 따라 길을 떠나기는 했는데 속내는 한없이 복잡했던 거지요.

이렇게 삼 일 길 무거운 걸음을 옮기며, 아브라함은 지금까지 자기를 인도해 오신 하나님을 되돌아보았을 겁니다. 하란에서 부르신 그날부터 지금 가나안에 이르기까지, 자기의 모양 빠진 인생에 개입해 오신 하나님을 기억의 샘에서 솔솔 길어 올렸을 겁니다. 아이를 두지 못해 낙심천만이던 인생에 찾아오셔서 '자식'을 약속하신 하나님, 땅 문제로 사랑하는 조카 롯과 이별을 고해야 했을 때 다시 힘을 주셨던 하나님, 바벨론 군대로부터 롯과 소돔 사람들을 구해내신 하나님, 끝내 '불임-절망'의 인생을 '생명-소망'의 인생으로 바꾸어 주신 하나님, 그 하나님이 아브라함의 하나님이었습니다.

아브라함은 불가능에서 자식을 얻었습니다. 오롯이 하나님께서 당신의 약속대로 자손을 이루는 결과였으며, 하나님의 권능을 보이신 징표이기도 했습니다. 아비멜렉이 찾아와 평화조약을 요청한 것은 하나님께서 땅에 관한 당신의 약속을 이루시려는 징표였지요. 아비멜렉으로서는 아브라함의 신인 '여호와'가 자기들의 신보다 강하다는 것을 인정하지 않을 수 없었던 것 같습니다. 사막이나 황량한 광야에서 우물을 판다는 것은 정말 어려운 일이었고, 그 일의 성패가 하나님의 개입에 달려있다는 것은 당시 모든 사람이 알고 있는 상식이었습니다. 그렇기 때문에, 아비멜렉은 비록 자기가 그 지역의 지배자이긴 했지만, 이민자인 아브라함을 함부로 대할 수 없다고 생각했던 것 같습니다. 아브라함에게는 자기들이 도무지 감당할 수 없는 여호와라는 신이 떡 버티고 있기 때문이었습니다. 아브라함이 그걸 다 보았고 깨달았습니다. 그래서 에셀 나무를 심고 영생하시는 하나님께 예배를 드렸습니다(22:23). 하나님께서는 당신의 언약을 반드시 이루신다는 것을 알았기 때문입니다. '에셀 나무'는 '자식'과 '땅'에 관한 약속을 신실하게 지키시는 하나님에 대한 아브라함의 신뢰를 보여주는 것이었지요.

아브라함은 에셀 나무를 심으며 하나님을 예배하였습니다. 영생하시는 하나님, 약속하신 것을 반드시 지키시는 하나님이심을 고백하는 예배였습니다. 그런데 하나님은 이제 아브라함의 고백이 담긴 예배를 실전에서 그 예배의 고백대로 실천하라고 요구하십니다. 자식을 바치라는 것입니다. 시험을 하신 겁니다. 그런데 이 시험은 합격이냐 불합격이냐를 평가하는 시험이 아닙니다. 지금까지 그가 겪으며 알게 된 하나님에 대한 신앙이 어느 자리에 도달했는지 평가하는 중간고사 같은 시험이었습니다. 이 시험을 통해 아브라함은 하나님이 어떤 분이신지를 '총정리' 할 수 있었던 겁니다.

모리아 산으로 가는 삼 일 길, 아브라함은 자기를 부르셨던 때부터 에셀 나무를 심으며 예배를 드렸던 순간까지 기억하며 하나님의 요구의 의미를 찾아내느라 골몰해 있었을 것입니다. 이런저런 사건과 경험을 통해 아브라함은 '여호와 하나님'이 어떤 분이신지를 잘 알게 된 겁니다. 하지만 하나님께서 왜 이삭을 제물로 드리라 하시는지는 도무지 이해할 수가 없었습니다. 이유를 알 수 없는 사흘 길은 어둡고 막막했을 겁니다. 하지만 '이 아이를 통해' 약속을 이어가겠다 하셨으니 '전능하신 하나님'께 맡기겠노라며 그 산을 올랐던 겁니다. 하나님의 명령을 다 이해하지 못했지만, 이 아이를 통해서 이루다 하신 약속과 그 약속에 신실하시고 전능하신 하나님을 아브라함이 믿었던 거지요. 당신의 약속을 반드시 이루실 것이라는 신뢰감을 하나님께 보여드린 것이라 할 수 있습니다. 이걸 두고 히브리서 기자는 '하나님께서 죽은 자를 살리실 것이라는 믿음'을 아브라함이 가졌다고 말한 겁니다(히 11:19).

하나님은 이삭을 묶어 제단에서 죽이려한 아브라함을 멈추게 하셨습니다. 그리고는 처음 아브라함을 부르셨을 때의 언약을 다시 말씀하십니다. 사실 처음 이 약속을 하실 때 아브라함은 약속 받을 만한 사람이 아니었습니다. 하나님의 전적인 은혜로 그를 선택하신 거지요. 아브라함을 선택하신 하나님께서는 그를 있는 그대로 받아 주셨습니다. 하나님을 알아가도록 끊임없이 도우셨습니다. 당신이 어떤 하나님인지, 아브라함이 어떤 존재인지를 깨닫게 해 주셨습니다. 그리고 이제 이 마지막 시험을 통해, 아브라함이 처음 하셨던 약속을 받을 만한 믿음의 사람이 되었다는 것을 알게 하셨습니다.

우리의 삶에도 여러 시험이 찾아옵니다. 아브라함의 모리아 산 시험은 우리가 직면한 시험에 시사하는 바가 적지 않습니다. 믿음의 길을 따르다 우리가 맞는 시험, 그 또한 합격과 불합격을 가늠하는 시험은 아닐 것이기 때문입니다. 모리아 산 아브라함이 그랬듯 우리가 맞는 시험도 우리가 어떤 믿음의 자리에 있는 지를 점검하게 됩니다. 잘 세워졌는지, 무엇이 부족한지, 어찌 해야 하는지를 살펴서 그 길을 반듯하게 하는 시험인 거지요. 그래서 나는 시험이 올 때마다, 이 시험을 통해 무엇을 깨닫게 될 것인지를 묻습니다.

아브라함의 순종은 '묻지마 순종'이 아니었습니다. 비록 말로 드러나진 않았지만, 삼 일간의 침묵 속에서 그는 하나님께 수없이 질문을 했을 것입니다. 그리고 자신을 돌아보는 시간을 가졌을 것입니다. 아브라함의 순종은 이러한 고뇌를 안고 내린 결론이었습니다.

하나님께서 '나—우리'를 선택하신 것은 전적인 그분의 은혜입니다. 그럴만한 자격이 있어 우리를 선택하신 것이 아닙니다. 너 나 할 것 없이 인간은 다 '죄 된 인간' 입니다. 괜찮은 인간은 없습니다. 다 허접한 인간일 뿐입니다. 하나님께서는 '그런 인간'을 선택하셔서 '하나님의 사람'으로 다듬어 가십니다. 우리를 그 처음 자리에 놔두지 않으시고, 인생 여정 속에서 하나님을 알아가도록 기회를 주십니다. 그 과정을 통해 하나님을 향한 믿음이 익어가도록 우리를 다루어 가십니다. 그리고 끝내 우리의 믿음을 온전하게 이루십니다. 그분이 우리가 믿는 하나님입니다.

묵상과 적용을 위한 질문

1. 당신에게 닥친 문제를 바라보는 관점을 어떻게 수정해야 할 것 같습니까?

2. 당신이 통과하는 인생의 여정 속에서 당신의 믿음은 성장하고 있는지요?

오늘 묵상을 통해 주신 깨달음에 대해 직접 기록해 보세요.

_____

_____

_____

 저자와 함께 하는 한 줄 기도

주님, 제가 겪는 여러 정황들을 어떤 관점에서 봐야하는지 알았습니다. 저의 신앙의 자리가 어디인지 알 수 있으며, 무엇이 찼으며 모자란지 발견할 수 있는 기회가 된다는 것을 알았습니다. 그리고 주님께서는 계속 우리를 성장하도록 도우신다는 것을 알았습니다. 계속 주님에게 나아가 여쭐 수 있고, 주님의 뜻을 알 수 있는 자리로 성장하게 도우소서.

기·도·와·결·단

오늘 묵상한 말씀의 적용과 삶의 결단을 담아 자신의 기도를 적어 보세요.

_____

_____

_____

_____

Day 24

믿음의 눈으로 보기

오늘의 본문

창세기 24:1-9 (NKRV)

¹아브라함이 나이가 많아 늙었고 여호와께서 그에게 범사에 복을 주셨더라 ²아브라함이 자기 집 모든 소유를 맡은 늙은 종에게 이르되 청하건대 내 허벅지 밑에 네 손을 넣으라 ³내가 너에게 하늘의 하나님, 땅의 하나님이신 여호와를 가리켜 맹세하게 하노니 너는 내가 거주하는 이 지방 가나안 족속의 딸 중에서 내 아들을 위하여 아내를 택하지 말고 ⁴내 고향 내 족속에게로 가서 내 아들 이삭을 위하여 아내를 택하라 ⁵종이 이르되 여자가 나를 따라 이 땅으로 오려고 하지 아니하거든 내가 주인의 아들을 주인이 나오신 땅으로 인도하여 돌아가리이까 ⁶아브라함이 그에게 이르되 내 아들을 그리로 데리고 돌아가지 아니하도록 하라 ⁷하늘의 하나님 여호와께서 나를 내 아버지의 집과 내 고향 땅에서 떠나게 하시고 내게 말씀하시며 내게 맹세하여 이르시기를 이 땅을 네 씨에게 주리라 하셨으니 그가 그 사자를 너보다 앞서 보내실지라 네가 거기서 내 아들을 위하여 아내를 택할지니라 ⁸만일 여자가 너를 따라 오려고 하지 아니하면 나의 이 맹세가 너와 상관이 없나니 오직 내 아들을 데리고 그리로 가지 말지니라 ⁹그 종이 이에 그의 주인 아브라함의 허벅지 아래에 손을 넣고 이 일에 대하여 그에게 맹세하였더라

저자 해설 및 묵상

아브라함의 인생에서 가장 보람있던 순간은 언제였을까요? 바빌론 연합군의 손에서 롯을 구출해 낸 것도 보람있는 일이었을 겁니다. 그토록 기다리던 '아들'을 갖게 되었을 때는 어땠을까요? 자식 하나 보기 위해 낯선 땅으로 이민와 갖은 고생을 다했습니다. 삶은 불안했고 불안정했지요. 그러다 그렇게도 기다리던 아이를 얻게 되었을 때, 세상을 다 가진 것 같이 보람찼을 것입니다. 아들 얻기 위하여 그렇게도 두려워했던 이민자 생활을 감수했었는데, 고생한 보상을 받은 것 같았을 겁니다. 이제 남은 보람이 있다면, 그 아들이 배우자를 만나 새로운 가정을 꾸리도록 돕는 것뿐이라 생각했을 법합니다. 더구나 이삭의 결혼은 그저 한 집안 문제만이 아니었지요. 가정과 부족을 넘어 '한 민족'을 이루는 관문이었습니다. 그러니 아브라함에게 있어 '이삭의 결혼'은 남다른 보람이었을 겁니다.

그래서일까요. 이삭의 신부를 구하는 이야기는 창세기 어느 본문보다 길게 기술됩니다. 좀 지루하다 싶을 정도로 반복되는 이야기 전개 방식입니다. 이 모든 과정이 하나님의 섭리 가운데 진행되었다는 것을 강조하기 위함이겠지요. 그런데 한 가지 의문이 듭니다. 굳이 하란에 가서 아들의 신부감을 구하려는 이유가 무엇이었을까요? 고향 사람들도 가나안 사람들과 마찬가지로 하나님을 알지 못하는 건 마찬가지인데 말입니다.

이런 아브라함을 이해할 수 있는 방법이 무엇일지 생각해 보았습니다. 하란 땅에서든 가나안 땅에서든 '여호와'는 아브라함 외에 아무도 알지 못하는 하나님이었습니다. 그 하나님은 자식을 주겠다는 약속과 함께 무작정 고향 땅을 떠나라 하신 하나님이었고, 그 자식을 기다리다 기다리다 결국에는 포기하게 되었을 즈음에 내어 주셨던 하나님이었습니다. 어디 그뿐입니까? 눈에 넣어도 아프지 않을 자식을 제물로 바치라던 하나님이시기도 했습니다. 이렇듯 아브라함은 인생 여정의 고비고비마다 하나님이 어떤 분이신지를 알아왔습니다.

이제 노쇠한 아브라함은 자신이 알고 있는 하나님을 다음 세대에게 알려줘야 했습니다. 이를 위해 이삭의 배우자를 찾는 일에 신중합니다. 아비로서 자식이 배우자를 만나 새 가정을 꾸리는 것을 바라는 건 자연스러운 아비의 마음일 겁니다. 그건 당시 아비로서 해야 할 책임이기도 했으니까요. 그런데 그것 만은 아니었습니다. 아브라함은 자신이 경험하고 알게 된 하나님을 후손에게 알려주어야 했으니까요. 그래서 같은 혈통 안에서 이삭의 신부감을 찾으려 했던 것 같습니다. 같은 혈통이면 같은 신앙의 전통을 이어갈 수 있다고 믿었기 때문이겠지요. 그것이 당시의 사고방식이었기 때문에 아브라함으로서는 그 방식을 택한 것이지요. 이삭도 두 아들이 같은 혈통 안에서 결혼하는 것을 원했는데, 같은 맥락에서 그랬던 것 같습니다. 결국에는 이 전통이 이후 이스라엘의 전통이 됩니다.

사실 현실적으로 볼 때, 멀리 떨어져 있는 친척 가운데서 며느리를 찾는 것은 여간 성가신 일이아닙니다. 현실적으로는 가까이서 며느리를 찾는 것이 훨씬 수월합니다. 앞에서 언급했듯이, 고향 땅이나 가나안 땅이나 하나님 모르는 사람들인 것은 다 마찬가지니까 말입니다. 그럼에도 아브라함은 굳이 하란에서 이삭의 배우자를 찾으려 합니다. 신앙의 유산을 이으려는 자기 마음을 하나님께 보인 것이라 하겠습니다. 만약에 고향에서 찾을 수 없다면, 그때 가서야 가나안에서 며느리를 찾겠다는 생각을 했을지도 모르지요.

그런데 이런 결정을 하는 과정에 의문이 드는 게 하나 더 있습니다. 하란에 가서 며느리를 찾는 소임을 맡은 종이 이삭을 데리고 가겠다고 하자, 아브라함이 반대를 합니다. 이 가나안 땅을 하나님이 자신의 씨에게 주겠다고 하셨기 때문에 이삭은 이 가나안 땅을 떠나서는 안된다는 겁니다. 그런데 이 이유가 충분히 납득이 되질 않네요. 거기에 가서 눌러 살겠다는 게 아니잖습니까? 가서 배우자감을 이삭이 직접 선택하게 하자는 건데, 왜 굳이 이런 이유를 들어서 이삭을 데리고 가는 것을 반대하는 걸까요?

이 의문점을 해결하기 위해서, 이삭의 생을 좀 더 자세히 들여다봐야할 것 같습니다. 결혼 후 어느 정도 시간이 흐른 후에 가나안 지역에 가뭄이 들었습니다. 이삭은 이 가뭄을 피하여 이집트로 내려가려고 했는데, 하나님께서 가지 못하게 하시지요(26:1-5). 아브라함만 아니라, 하나님도 이삭이 다른 지역으로 가는 것을 원치 않으셨다는 거지요.

그렇다면 하나님은 왜 막으셨을까요? 아마도 그건 이삭이라는 인물의 성향 때문이었던 것 같습니다. 한 곳에 머물면 그곳에 정착하려는 성향이 강한 이삭이었던 고로, 그걸 잘 알고 계신 하나님께서 길을 막으신 거지요. 아브라함도 아들의 성향을 누구보다도 잘 알았을 겁니다. 일단 하란으로 가면 가나안 땅으로 돌아오지 않을지도 모른다고 생각했단 말입니다. 가뜩이나 어머니를 잃은 슬픔에서 아직 헤어나오지 못하고 있는 이삭이 아닙니까? 그러니 그곳에서 마음에 드는 여자를 만나면 돌아올 생각조차 하지 않을 가능성이 크다고 생각했기 때문일 겁니다.

이걸 보면, 아브라함이 '가나안'에 대한 하나님의 약속을 얼마나 굳게 믿고 있는지를 가늠할 수 있습니다. 저 모리아 산의 모진 시험을 통해 아브라함의 믿음이 호두 껍데기처럼 단단해진 것 같습니다. 아직 이루어진 것이 없는 '가나안'이지만, 마치 약속이 다 이루어진 것처럼 여기며 처신합니다. 자기 아들이 어떤 결정을 할 것인지 너무나 잘 파악하고 있었기 때문이지요. 하여, 장차 가나안의 주인 될 이삭을 쉽게 하란으로 보내지 않았던 겁니다. 당사자가 같이 안 가면 아무래도 신부감 찾기가 더 어려워지겠지요. 자신의 아들을 하나님의 명령에 순종하여 드리려고 했던 고통스런 과정을 통해서 하나님을 향한 신뢰가 충분히 축적되어 있다는 것이 확인이 된 아브라함이었습니다. 그래서 그는 아직 아무것도 이뤄진 것이 없는 약속의 땅도 마치 이뤄진 것처럼 여기고, 그 땅 주인이 그 땅을 떠나서는 안 된다고 생각한 것입니다. 더구나 그 땅 주인이 될 아들의 성향을 잘 알고 있는 아비로서 말입니다.

당사자가 같이 안 가면 아무래도 신부감 찾기가 더 어려워지겠지요. 빈 손으로 되돌아와야 할 수도 있다는 걸 모르지 않았을 겁니다. 하지만 아브라함은 이 모든 일을 하나님의 손에 맡기고 종을 보냅니다. 만약에 찾지 못하고 돌아온다면, 가나안 땅에서 배우자를 찾는 것을 주님의 뜻으로 여기겠다는 마음가짐입니다. 순간순간 휘청거렸던 아브라함의 믿음이 단단해진 모습을 볼 수 있습니다.

묵상과 적용을 위한 질문

1. 당신의 믿음이 더 강해질수록 어떤 결정을 할 수 있었습니까?

   _____

   _____

2. 아브라함은 혹시 자기가 계획한 대로 되지 않는다 해도 흔들리지 않습니다. 다른 옵션을 찾기로 마음먹었기 때문입니다. 당신은 앞에 놓여있는 문제를 이런 태도를 가지고 해결한다면 어떻게 할 수 있겠습니까?

   _____

   _____

나만의 묵상 메모

오늘 묵상을 통해 주신 깨달음에 대해 직접 기록해 보세요.

_____

_____

저자와 함께 하는 한 줄 기도

주님, 제가 믿음으로 결정하는 것에 대하여 경직되지 않게 하소서. 혹시 믿은 대로 되지 않았을 때, 당혹하지 않고, 다음 옵션을 구상할 수 있기를 원합니다. 이것 또한 믿음의 행로라고 생각합니다.

기·도·와·결·단

오늘 묵상한 말씀의 적용과 삶의 결단을 담아 자신의 기도를 적어 보세요.

_____
_____
_____
_____

Day 25

기도 제목에 관한 오해

오늘의 본문

창세기 24:10-49 (NKRV)

¹⁰이에 종이 그 주인의 낙타 중 열 필을 끌고 떠났는데 곧 그의 주인의 모든 좋은 것을 가지고 떠나 메소보다미아로 가서 나홀의 성에 이르러 ¹¹그 낙타를 성 밖 우물 곁에 꿇렸으니 저녁 때라 여인들이 물을 길으러 나올 때였더라 ¹²그가 이르되 우리 주인 아브라함의 하나님 여호와여 원하건대 오늘 나에게 순조롭게 만나게 하사 내 주인 아브라함에게 은혜를 베푸시옵소서 ¹³성 중 사람의 딸들이 물 길으러 나오겠사오니 내가 우물 곁에 서 있다가 ¹⁴한 소녀에게 이르기를 청하건대 너는 물동이를 기울여 나로 마시게 하라 하리니 그의 대답이 마시라 내가 당신의 낙타에게도 마시게 하리라 하면 그는 주께서 주의 종 이삭을 위하여 정하신 자라 이로 말미암아 주께서 내 주인에게 은혜 베푸심을 내가 알겠나이다 ¹⁵말을 마치기도 전에 리브가가 물동이를 어깨에 메고 나오니 그는 아브라함의 동생 나홀의 아내 밀가의 아들 브두엘의 소생이라 ¹⁶그 소녀는 보기에 심히 아리땁고 지금까지 남자가 가까이하지 아니한 처녀더라 그가 우물로 내려가서 물을 그 물동이에 채워가지고 올라오는지라 ¹⁷종이 마주 달려가서 이르되 청하건대 네 물동이의 물을 내게 조금 마시게 하라 ¹⁸그가 이르되 내 주여 마시소서 하며 급히 그 물동이를 손에 내려 마시게 하고 ¹⁹마시게 하기를 다하고 이르되 당신의 낙타를 위하여서도 물을 길어 그것들도 배불리 마시게 하리이다 하고 ²⁰급히 물동이의 물을 구유에 붓고 다시 길으려고 우물로 달려가서 모든 낙타를 위하여 긷는지라 ²¹그 사람이 그를 묵묵히 주목하며 여호와께서 과연 평탄한 길을 주신 여부를 알고자 하더니 ²²낙타가 마시기를 다하매 그가 반

세겔 무게의 금 코걸이 한 개와 열 세겔 무게의 금 손목고리 한 쌍을 그에게 주며 ²³이르되 네가 누구의 딸이냐 청하건대 내게 말하라 네 아버지의 집에 우리가 유숙할 곳이 있느냐 ²⁴그 여자가 그에게 이르되 나는 밀가가 나홀에게서 낳은 아들 브두엘의 딸이니이다 ²⁵또 이르되 우리에게 짚과 사료가 족하며 유숙할 곳도 있나이다 ²⁶이에 그 사람이 머리를 숙여 여호와께 경배하고 ²⁷이르되 나의 주인 아브라함의 하나님 여호와를 찬송하나이다 나의 주인에게 주의 사랑과 성실을 그치지 아니하셨사오며 여호와께서 길에서 나를 인도하사 내 주인의 동생 집에 이르게 하셨나이다 하니라 ²⁸소녀가 달려가서 이 일을 어머니 집에 알렸더니 ²⁹리브가에게 오라버니가 있어 그의 이름은 라반이라 그가 우물로 달려가 그 사람에게 이르러 ³⁰그의 누이의 코걸이와 그 손의 손목고리를 보고 또 그의 누이 리브가가 그 사람이 자기에게 이같이 말하더라 함을 듣고 그 사람에게로 나아감이라 그 때에 그가 우물가 낙타 곁에 서 있더라 ³¹라반이 이르되 여호와께 복을 받은 자여 들어오소서 어찌 밖에 서 있나이까 내가 방과 낙타의 처소를 준비하였나이다 ³²그 사람이 그 집으로 들어가매 라반이 낙타의 짐을 부리고 짚과 사료를 낙타에게 주고 그 사람의 발과 그의 동행자들의 발 씻을 물을 주고 ³³그 앞에 음식을 베푸니 그 사람이 이르되 내가 내 일을 진술하기 전에는 먹지 아니하겠나이다 라반이 이르되 말하소서 ³⁴그가 이르되 나는 아브라함의 종이니이다 ³⁵여호와께서 나의 주인에게 크게 복을 주시어 창성하게 하시되 소와 양과 은금과 종들과 낙타와 나귀를 그에게 주셨고 ³⁶나의 주인의 아내 사라가 노년에 나의 주인에게 아들을 낳으매 주인이 그의 모든 소유를 그 아들에게 주었나이다 ³⁷나의 주인이 나에게 맹세하게 하여 이르되 너는 내 아들을 위하여 내가 사는 땅 가나안 족속의 딸들 중에서 아내를 택하지 말고 ³⁸내 아버지의 집, 내 족속에게로 가서 내 아들을 위하여 아내를 택하라 하시기로 ³⁹내가 내 주인에게 여쭈되 혹 여자가 나를 따르지 아니하면 어찌하리이까 한즉 ⁴⁰주인이 내게 이르되 내가 섬기는 여호와께서 그의 사자를 너와 함께 보내어 네게 평탄한 길을 주시리니 너는 내 족속 중 내 아버지 집에서 내 아들을 위하여 아내를 택할 것이니라 ⁴¹네가 내 족속에게 이를 때에는 네가 내 맹세와 상관이 없으리라 만일 그들이 네게 주지 아니할

Day 25_ 기도 제목에 관한 오해(창 24:10-49)

지라도 네가 내 맹세와 상관이 없으리라 하시기로 ⁴²내가 오늘 우물에 이르러 말하기를 내 주인 아브라함의 하나님 여호와여 만일 내가 행하는 길에 형통함을 주실진대 ⁴³내가 이 우물 곁에 서 있다가 젊은 여자가 물을 길으러 오거든 내가 그에게 청하기를 너는 물동이의 물을 내게 조금 마시게 하라 하여 ⁴⁴그의 대답이 당신은 마시라 내가 또 당신의 낙타를 위하여도 길으리라 하면 그 여자는 여호와께서 내 주인의 아들을 위하여 정하여 주신 자가 되리이다 하며 ⁴⁵내가 마음 속으로 말하기를 마치기도 전에 리브가가 물동이를 어깨에 메고 나와서 우물로 내려와 긷기로 내가 그에게 이르기를 청하건대 내게 마시게 하라 한즉 ⁴⁶그가 급히 물동이를 어깨에서 내리며 이르되 마시라 내가 당신의 낙타에게도 마시게 하리라 하기로 내가 마시매 그가 또 낙타에게도 마시게 한지라 ⁴⁷내가 그에게 묻기를 네가 뉘 딸이냐 한즉 이르되 밀가가 나홀에게서 낳은 브두엘의 딸이라 하기로 내가 코걸이를 그 코에 꿰고 손목고리를 그 손에 끼우고 ⁴⁸내 주인 아브라함의 하나님 여호와께서 나를 바른 길로 인도하사 나의 주인의 동생의 딸을 그의 아들을 위하여 택하게 하셨으므로 내가 머리를 숙여 그에게 경배하고 찬송하였나이다 ⁴⁹이제 당신들이 인자함과 진실함으로 내 주인을 대접하려거든 내게 알게 해 주시고 그렇지 아니할지라도 내게 알게 해 주셔서 내가 우로든지 좌로든지 행하게 하소서

저자 해설 및 묵상

기도할 때 까닭없이 무턱대고 기도하는 사람이 있을까요? 기도를 한다는 것은 무엇인가 마음에 둔 문제가 있다는 것이겠지요. 주님과의 교제를 위하여 기도하는 경우도 있지만, 아마도 대부분의 기도는 어떤 목적을 둔 것이겠습니다. 그런데 어떤 목적을 두고 기도할 때, 어떻게 기도할 것인지 그 방법까지 제시하는 경우도 있더군요. 이를

테면, '아주 구체적으로 구하라'는 것입니다. 예를 들어 볼까요. 그냥 '자동차를 주세요' 하지 말고, '색상은 빨간색이어야 하고, 차종은 폭스바겐이며, 연식은 몇 년도 형'이라고 구체적으로 구하라는 것입니다. 배우자를 두고 기도할 때도 학력이나 직업, 재산은 물론이거니와 외모까지 구체적으로 기도하랍니다. 심지어 키 몇 센티미터까지 적시하라는 거지요. 그래야 하나님께서 우리가 뭘 원하는지 구체적으로 아시고 구체적으로 응답해 주신다고 합니다.

창세기 24장에 소개된 이야기는 마치 그런 구체적인 기도의 모델처럼 보입니다. 실제로 그런 '구체적인 기도'의 원리/근거를 이 본문에서 찾아 설교하는 경우도 적지 않아 보입니다. 그렇다면, 과연 아브라함의 종이 하나님께 구한 기도 내용이 '빨간 폭스바겐'을 구하거나 '키 큰 배우자'를 구하는 기도 방법의 근거가 될 수 있을까요?

아브라함의 늙은 종은 주인의 고향 하란에 도착하여 성 바깥 우물 곁에 앉아 기도합니다. 그런데 그 기도 내용이 매우 구체적입니다(24:12-14). 물 길러 나오는 여인들 중 하나에게 마실 물을 요청할 터인데, 그 여인이 자기만이 아니라 낙타들에게도 물을 준다면, 그 여인을 하나님께서 선택하신 이삭의 아내인 줄 알겠다는 겁니다.

그런데 놀랍게도 기도를 미처 마치기도 전에, 한 소녀가 물동이를 어깨에 메고 동네에서 나옵니다. 늙은 종이 마실 물을 좀 달라 하자 선뜻 물을 내 주지요. 그런데, 종에게 뿐만 아니라 기꺼이 낙타 열 마리가 충분히 마실 물을 우물에서 길어올리는 겁니다. 이걸 어떻게 설명해야 할까요? 이런 필연 같은 우연을 '하나님의 섭리'라 부르면 될까요? 게다가 이 소녀가 바로 아브라함의 조카라는 군요! 이 사실을 알게 되자 종은 그만 감격에 젖습니다. 하나님의 기가 막힌 손길을 더듬으면서 말입니다.

결론부터 말하자면, 이 종의 기도는 '빨간 폭스바겐'을 구하는 기도와는 결이 다릅니다. 그렇다면 종은 왜 그렇게 구체적으로 기도했을까요? 그것이 구체적인 결혼의 조건을 단 기도가 아니라면, 왜 자기에게뿐 아니라, 낙타에게도 물을 주는 여인을 '기도 응답'으로 여긴 걸까요?

종의 기도를 가만히 들여다보면, 아브라함 집안에 들어올 안주인에 대한 종 나름의 기준이 있었다는 것을 알 수 있습니다. 우선, 낯선 나그네를 환대하는 태도를 안주인이 가져야 할 덕목으로 보았던 것 같습니다. 낯선 사람을 경계했던 당시 분위기 속에서 '환대'는 흔하지도 쉽지도 않은 태도였습니다. 그런데 아브라함의 집안은 그 시대 풍속과는 다른 가풍을 가지고 있다고 여겼던 것 같습니다.

이삭이 태어나기 전, 낯선 나그네가 찾아왔을 때, 주인 아브라함은 그들을 환대했습니다. 나중에 알고 보니, 그 중 한 분이 하나님이셨고, 나머지는 천사였었다는 걸 온 집안 식솔들이 알게 되었지요. 지금 이 종이 그걸 몰랐을 리 없습니다. 아브라함의 종은, 낯선 손님을 환대하고 난 후 이삭이 태어났다는 것을 똑똑히 기억하고 있었을 것입니다. 이런 경험 때문에 아브라함 집안에 나그네를 환대하는 가풍을 가졌을 가능성이 큽니다. 이런 배경을 가지고 있는 종이라면, 이삭의 아내를 구하기 위한 우물가 기도에서 '환대'를 첫 번째 덕목으로 여긴 게 자연스러워 보입니다.

그리고 한 가지 더, 종이 하나님께 내민 조건은 '낙타에게 물을 먹이겠다고 나서는 여인'이어야 한다는 것이었습니다. 낙타 열 마리에게 물을 길어 준다는 게 생각만큼 쉬운 일이 아닙니다. 보통 낙타 한 마리가 마시는 물의 양이 70에서 100리터 정도라고 합니다. 낙타 열 마리면 거의 1톤 분량의 물을 길어 마시게 한 것이지요. 어지간한 힘으로 될 일이 아닙니다. 그만큼 리브가는 매우 건강한 여인이었던 겁니다. 아브라함의 종이 드린 기도는 집안의 다음 안주인이 '베풂'에 후하고, 베풀 '힘'도 있어야 한다는 것을 염두에 둔 것으로 보입니다.

위에서 살펴본 대로 아브라함의 종이 드린 '우물가 기도'는 '빨간 폭스바겐'을 위한 것이 아니었습니다. 집안에 들일 안주인의 덕목을 위한 기도 제목이었던 거지요. 넉넉하게 베풀 줄 알고, 그 베풂을 실행할 수 있을 만큼 건강한 여인을 구했던 겁니다. 종의 기도는 당시 한 가족의 안녕을 위하여 꼭 필요한 덕목을 두고 기도한 것입니다.

반면에, '폭스바겐'을 위한 기도나 '키 큰 배우자'를 구하는 기도의 동기는 모두 이기적인 것입니다. 그 기도에는 개인의 탐심을 채우려는 욕심이 들어 있습니다. 아브라함의 종이 드린 '우물가 기도'는 개인의 탐심을 위한 기도를 지지하지 않습니다. 그 이야기가 '빨간 폭스바겐'을 구하는 기도의 성경적 근거가 될 수 없다는 말입니다.

이런 면에서 아브라함의 종은 자기 주인의 집안이 하나님의 언약 안에서 세워지는 데 필요한 '안주인의 기준'을 잘 분별하여 기도했던 겁니다. 지혜롭고 충성스러운 종이지요. 그는 '하나님의 언약' 가운데 살아가는 아브라함을 지켜보면서 '아브라함의 하나님'을 알아가게 된 것 같습니다. 그는 아브라함 집안의 한 사람으로서, 하나님의 언약을 믿는 증거로 할례받는 일에 동참한 자이기도 했습니다(창 17:12-14). '아브라함의 하나님'을 자기의 하나님으로 받아들인 자였던 거지요. 그는 아브라함 집안이 가진 믿음의 전통이 자기의 전통이 된 사람이었습니다.

묵상과 적용을 위한 질문

1. 당신이 기도 제목을 만드는 기준은 무엇이었습니까?

2. 당신이 앞으로 기도해야 할 것이 있다면 어떤 가치를 기반으로 기도 제목을 만들겠습니까?

나만의 묵상 메모

오늘 묵상을 통해 주신 깨달음에 대해 직접 기록해 보세요.

🙏 저자와 함께 하는 한 줄 기도

주님, 과거에는 제가 원하는 것을 구체적으로 만들어서 기도하라고 배워서 그렇게 했습니다. 그러나 이제는 기도 제목의 기준이 성경적 가치를 반영된 것이어야 한다는 것을 알았습니다. 하나님 나라의 가치를 잘 반영한 기도를 할 수 있기를 원합니다.

기·도·와·결·단

오늘 묵상한 말씀의 적용과 삶의 결단을 담아 자신의 기도를 적어 보세요.

Day 26

하나님의 뜻 재확인하기

오늘의 본문

창세기 24:50-67 (NKRV)

⁵⁰라반과 브두엘이 대답하여 이르되 이 일이 여호와께로 말미암았으니 우리는 가부를 말할 수 없노라 ⁵¹리브가가 당신 앞에 있으니 데리고 가서 여호와의 명령대로 그를 당신의 주인의 아들의 아내가 되게 하라 ⁵²아브라함의 종이 그들의 말을 듣고 땅에 엎드려 여호와께 절하고 ⁵³은금 패물과 의복을 꺼내어 리브가에게 주고 그의 오라버니와 어머니에게도 보물을 주니라 ⁵⁴이에 그들 곧 종과 동행자들이 먹고 마시고 유숙하고 아침에 일어나서 그가 이르되 나를 보내어 내 주인에게로 돌아가게 하소서 ⁵⁵리브가의 오라버니와 그의 어머니가 이르되 이 아이로 하여금 며칠 또는 열흘을 우리와 함께 머물게 하라 그 후에 그가 갈 것이니라 ⁵⁶그 사람이 그들에게 이르되 나를 만류하지 마소서 여호와께서 내게 형통한 길을 주셨으니 나를 보내어 내 주인에게로 돌아가게 하소서 ⁵⁷그들이 이르되 우리가 소녀를 불러 그에게 물으리라 하고 ⁵⁸리브가를 불러 그에게 이르되 네가 이 사람과 함께 가려느냐 그가 대답하되 가겠나이다 ⁵⁹그들이 그 누이 리브가와 그의 유모와 아브라함의 종과 그 동행자들을 보내며 ⁶⁰리브가에게 축복하여 이르되 우리 누이여 너는 천만인의 어머니가 될지어다 네 씨로 그 원수의 성 문을 얻게 할지어다 ⁶¹리브가가 일어나 여자 종들과 함께 낙타를 타고 그 사람을 따라가니 그 종이 리브가를 데리고 가니라 ⁶²그 때에 이삭이 브엘라해로이에서 왔으니 그가 네게브 지역에 거주하였음이라 ⁶³이삭이 저물 때에 들에 나가 묵상하다가 눈을 들어 보매 낙타들이 오는지라 ⁶⁴리브가가 눈을 들어 이삭을 바라보고 낙타에서 내려 ⁶⁵종에게 말하되 들에서 배회하다가

우리에게로 마주 오는 자가 누구냐 종이 이르되 이는 내 주인이니이다 리브가가 너울을 가지고 자기의 얼굴을 가리더라 [66]종이 그 행한 일을 다 이삭에게 아뢰매 [67]이삭이 리브가를 인도하여 그의 어머니 사라의 장막으로 들이고 그를 맞이하여 아내로 삼고 사랑하였으니 이삭이 그의 어머니를 장례한 후에 위로를 얻었더라

저자 해설 및 묵상

하나님의 뜻을 묻고 그에 대한 응답을 받았을 경우, 우리 대부분은 그것을 그대로 받아들입니다. 그 응답이 과연 하나님의 뜻인지 다시 한번 확인하는 절차를 생략해 버립니다. 그런데 과연 우리가 열심히 기도해서 받은 응답이라고 해도, 그것이 정말로 하나님께서 응답하신 것인지 어떻게 알 수가 있습니까? 아무도 장담을 할 수 없습니다. 그렇다면 주님의 응답이라고 여겼던 것을 다시 한번 확인하는 절차를 밟는 것이 현명하다 할 수 있겠습니다. 물론 그것으로 모든 것을 확인했다고 자신할 수 없지만 말입니다.

그런 면에서 아브라함의 종은 하나님의 뜻을 분별하는데 매우 신중한 태도를 보입니다. 일반적으로 사람들은 자기에게 어떤 특별한 일이 생기면, 그것을 하나님의 뜻으로 받아들이고 더 이상의 확인 과정을 거치지 않습니다. 어쩌면 다른 변수가 생기는 것을 불편하게 느끼기 때문일 수도 있습니다. 특히 자신이 원하는 대로 상황이 펼쳐질 때, 다른 변수가 나타나 상황을 그르치면 몹시 불편해지지요. '하나님의 뜻'을 더 확인하지 않으려는 까닭이 거기에 있습니다. 자

기의 원함이 무산되는 것을 두려워하기 때문입니다.

그러나 이 종은 너무나도 확실하게 하나님의 섭리로 보이는 상황을 다시 확인하는 과정을 거칩니다. 자기가 보기에는 분명 '하나님의 뜻' 같아 보이는데, 혹시라도 그게 아니라면 큰 일이기 때문이겠지요. 설령, 확인을 거친 후 본인이 원하는 바와 다른 결과가 나올지라도 그 결과에 순종할 준비가 되어 있는 겁니다. 사실 이런 태도를 갖는다는 게 여간 어려운 일이 아닙니다. 자칫하면 모든 것을 다시 시작해야 하기 때문입니다.

아브라함의 종은 리브가의 오빠인 라반과 어머니를 만나, 리브가를 만나기까지의 과정을 하나님께서 어떻게 인도하셨는지 말해 주었습니다. 리브가가 왜 이삭의 아내가 되어야 하는 지를 설득하는 과정에서 설명한 말이지요. 그 사연을 듣고 라반과 어머니가 혼인을 허락합니다. 일사천리로 진행된, 더없이 순탄한 과정입니다. 사실 이것만으로도 리브가가 하나님께서 정하신 베필이라는 충분한 증거가 되었을 겁니다. 그런데 종은 한 걸음 더 나아가 아주 난처한 요구를 합니다. 라반이나 어머니가 들어주기 힘든 요구이고, 다른 사람들이 들어도 억지스러운 요구입니다. 지금 우리가 들어도 상식적으로 들리질 않습니다.

내용은 이렇습니다. 라반의 집에서 하룻밤을 묵은 아브라함의 종은 다음 날 아침 이렇게 말합니다. "여호와께서 내게 형통한 길을 주셨으니 나를 보내어 내 주인에게로 돌아가게 하소서." 쇠 뿔도 단숨에 뽑는 게 좋은 지 모르겠으나, 이건 아니지요. '인륜지 대사'를 번개불에 콩 구워 먹듯 할 수는 없는 일입니다. 어제 만나 혼인 이야기를 꺼냈는데 오늘 아침에 데려가겠다니, 기가 막힐 노릇입니다. 지금 떠나보내면 다시 보기 어려운 딸입니다. 그야말로 영영 이별이 될 터인데, 석별의 정 나눌 말미 정도의 시간은 주어야지요. 그런데 오늘 당장 떠난다니, 터무니 없는 말입니다. 열흘 정도 보내며 마음의 정리를 할 시간을 갖는 게 당연한 일 아닙니까? 그런데 그럴 시간도 없이 당장 떠나겠으니 허락해 달라고 합니다. 말이 요청이지 이건 거의 통보 수준입니다. 그건 인간의 도리가 아닙니다. 갑자기 리브가를 이삭에게 보내기로 한 결정이 후회될 법한 순간입니다.

그러니 종의 무리한 요구를 쉽게 받아들이기 어려운 상황입니다. 결국 아브라함의 종과 라반의 의견이 엇갈려 이러지도 저러지도 못할 상황이 돼 버렸습니다. 그 때, 라반과 어머니가 한 가지 제안을 합니다. 리브가의 의견을 들어보고, 리브가의 뜻대로 하자는 겁니다. 그들은 리브가가 당연히 집에 좀 더 머물러 있기를 원할 것이라 예상했을 것입니다. 그게 너무나 자연스러운 일이니까요. 멀리 시집가는 딸입니다. 누구라도 친정 떠나기 전 부모님과 좀 더 함께 지내고 싶어할 겁니다. 이러니 저러니 떠들 것 없이 리브가가 어찌 생각하는지를 들어보면 '답'이 나올 겁니다.

자, 이제 리브가의 시간입니다. 모여 있는 사람들이 너나 없이 리브가의 입만 쳐다보고 있습니다. 드디어 리브가가 입을 엽니다. "저는… 저는 말이에요. 오늘 당장 떠나겠습니다." 지켜보던 이들에게서 신음 같은 탄성이 흐릅니다. 아무도 예상 못한 대답이었기 때문입니다. 모두의 예상을 깨고 리브가는 '당장' 아브라함의 종을 따라가겠노라고 짐을 챙깁니다. '리브가의 시간'은 '지금, 당장'이었습니다. 아브라함의 종은 리브가의 이 결정을 하나님의 응답처럼 듣습니다. 이 여인이 하나님께서 정하신 이삭의 베필이라는 최종 확인을 받은 거지요. 어쩌면, 아브라함의 종은 아브라함의 하나님께서 자기를 여기까지 인도해 오셨다는 것을 인식하고, 오늘 떠나겠다는 이 결정도 리브가가 하나님의 뜻으로 받아들이는 선택을 하기를 기대했다고 볼 수 있습니다.

만약에 리브가가 즉각 따르지 않았다면, 종은 지금까지의 잠정 결정을 모두 내려놓고 다시 시작해야 했을 겁니다. 아니면, 리브가가 원하는대로 좀 더 머물렀다가 떠날 수도 있었겠지만, 그러자면 여간 찜찜하지 않았겠지요. 아브라함의 종이 터무니없이 무모한 요청을 한 까닭은 이런 찜찜함을 덜어내기 위함이었을 겁니다. 이러한 확인은 주님의 뜻을 살펴 사는 우리에게도 꼭 필요한 과정이라 생각합니다.

서두에서 언급한 것처럼 우리의 기도는 대개 '내가 바라는 것'에 천착합니다. 그러다 그 '바라는 것'이 눈에 펼쳐지면 그것을 하나님의 뜻이라고 확신합니다. 그것이 하나님의 뜻이나 응답이 아닐 수도 있지만, 그럴 가능성은 애써 무시하지요. '내가 바라는 것'을 '하나님의 뜻'으로 '믿고' 싶은 것입니다. 누군가로부터 '그게 아닐 수도 있다'는 말을 들으면 몹시 불편해 합니다. 열린 마음과 자세를 가지고 꼼꼼히 살피려 들지 않습니다. 혹 '하나님의 뜻'이 '내가 원하는 것'과 다를지 몰라 두려워하는 까닭입니다.

그건 바른 자세가 아닙니다. 열린 마음을 가지고 '이것'이 '하나님의 뜻'이 분명한지를 다시 점검해 보지 않는다면, 그런 채로 기도가 응답되었다고 믿는다면, 그건 심각한 왜곡입니다. '하나님의 뜻'을 굴절시켜 그릇된 결론을 '응답'으로 여기는 건 '기도'의 본 뜻에서 크게 벗어난 겁니다. 아브라함의 종의 기도는 그런 기도가 아니었습니다. 개인적인 탐욕을 하나님의 응답으로 둔갑시키는 기도가 아니었던 겁니다. 자기 주인의 집안이 하나님의 언약 안에 있도록 사려 깊게 살핀 기도였습니다. 아브라함 집안의 안주인 덕목이 어떠해야 하는지를 지혜롭게 분별하여 내놓은 기도 제목이었던 거지요. 그리고 기도 응답의 결론을 서둘러 내리지도 않았습니다. 더디고 번거롭지만 한번 더 '하나님의 뜻'을 확인하는 과정을 거쳤습니다. 다시 한번 돌다리도 두드려보는 과정을 무시하지 않은 거지요. '내가 원하는 바'를 이루지 못할 수도 있는 상황이 벌어질 수도 있지만, 그 당혹스러움을 감수할 각오와 함께 말입니다. 하나님의 뜻을 따라 구하는 기도에는 진솔하고 열린 마음이 필요합니다.

묵상과 적용을 위한 질문

1. 당신의 기도에 대한 응답을 다시 한번 확인한 적이 있습니까? 하지 않았다면 무슨 이유였습니까?

2. 당신의 기도에 대한 응답을 재확인하는 과정에서 아닐 수 있다는

가능성이 생긴다면 어떻게 하겠습니까?

 나만의 묵상 메모

오늘 묵상을 통해 주신 깨달음에 대해 직접 기록해 보세요.

 저자와 함께 하는 한 줄 기도

주님, 그동안 저는 기도에 대한 응답이 왔을 때 뛸듯이 기뻐하고 그것을 아무런 의심없이 하나님의 것으로 받아들였습니다. 그러나 이제는 한번 더 재확인하는 과정을 거치려고 합니다. 저의 욕심 때문에 판단력이 흐려져 분별하지 못하는 일이 없기를 원하기 때문입니다. 주님, 주님을 신뢰하는 마음으로 재확인하는 절차를 생략하지 않기를 원합니다.

기·도·와·결·단

오늘 묵상한 말씀의 적용과 삶의 결단을 담아 자신의 기도를 적어 보세요.

Day 27

믿음의 결단

오늘의 본문

창세기 24:50-67 (NKRV)

⁵⁰라반과 브두엘이 대답하여 이르되 이 일이 여호와께로 말미암았으니 우리는 가부를 말할 수 없노라 ⁵¹리브가가 당신 앞에 있으니 데리고 가서 여호와의 명령대로 그를 당신의 주인의 아들의 아내가 되게 하라 ⁵²아브라함의 종이 그들의 말을 듣고 땅에 엎드려 여호와께 절하고 ⁵³은금 패물과 의복을 꺼내어 리브가에게 주고 그의 오라버니와 어머니에게도 보물을 주니라 ⁵⁴이에 그들 곧 종과 동행자들이 먹고 마시고 유숙하고 아침에 일어나서 그가 이르되 나를 보내어 내 주인에게로 돌아가게 하소서 ⁵⁵리브가의 오라버니와 그의 어머니가 이르되 이 아이로 하여금 며칠 또는 열흘을 우리와 함께 머물게 하라 그 후에 그가 갈 것이니라 ⁵⁶그 사람이 그들에게 이르되 나를 만류하지 마소서 여호와께서 내게 형통한 길을 주셨으니 나를 보내어 내 주인에게로 돌아가게 하소서 ⁵⁷그들이 이르되 우리가 소녀를 불러 그에게 물으리라 하고 ⁵⁸리브가를 불러 그에게 이르되 네가 이 사람과 함께 가려느냐 그가 대답하되 가겠나이다 ⁵⁹그들이 그 누이 리브가와 그의 유모와 아브라함의 종과 그 동행자들을 보내며 ⁶⁰리브가에게 축복하여 이르되 우리 누이여 너는 천만인의 어머니가 될지어다 네 씨로 그 원수의 성 문을 얻게 할지어다 ⁶¹리브가가 일어나 여자 종들과 함께 낙타를 타고 그 사람을 따라가니 그 종이 리브가를 데리고 가니라 ⁶²그 때에 이삭이 브엘라해로이에서 왔으니 그가 네게브 지역에 거주하였음이라 ⁶³이삭이 저물 때에 들에 나가 묵상하다가 눈을 들어 보매 낙타들이 오는지라 ⁶⁴리브가가 눈을 들어 이삭을 바라보고 낙타에서 내려 ⁶⁵종에게 말하되 들에서 배회하다가

우리에게로 마주 오는 자가 누구냐 종이 이르되 이는 내 주인이니이다 리브가가 너울을 가지고 자기의 얼굴을 가리더라 ⁶⁶종이 그 행한 일을 다 이삭에게 아뢰매 ⁶⁷이삭이 리브가를 인도하여 그의 어머니 사라의 장막으로 들이고 그를 맞이하여 아내로 삼고 사랑하였으니 이삭이 그의 어머니를 장례한 후에 위로를 얻었더라

저자 해설 및 묵상

흥미로운 것은 창 24장을 통해 우리는 아브라함과 비슷한 신앙 여정을 시작하는 인물을 한 사람 다시 만나게 됩니다. 이삭의 아내가 될 리브가입니다. 앞장에서 우리는 아브라함의 종이 리브가의 오빠와 어머니를 만나, 일사천리 막무가내로 혼인을 밀어 부치는 장면을 살펴 보았습니다. 비단 어머니나 오빠의 입장이 아니더라도 '당장 리브가를 데리고 떠나겠노라' 는 태도는 무례해 보이고 무정해 보입니다. 쉽게 납득이 되거나 허락하기 어려운 요구지요. 다른 누구보다 당사자인 리브가에게 매우 당혹스러운 요구였을 겁니다. 그런데 리브가는 아무렇지도 않다는 듯 선뜻 따라나섭니다. 리브가 머리 속에는 대체 무슨 생각이 든 것일까요?

참, 난감하기 그지없습니다. 아브라함의 종이 열 마리 낙타에 싣고 온 재물이 한가득이니, 그걸 보고 팔자 한 번 고쳐 볼 생각이었을까요? 그럴만큼 속되고 천박한 리브가는 아니지요. 그런데 좀더 자세히 살펴보면, 리브가의 파격적인 선택의 이유가 '이삭의 아내 구하기' 과정을 길게 설명한 것과 연관 있어 보입니다. 리브가는 어릴

때부터, 오래 전 하란 땅을 떠난 집안 어른이 있었다는 말을 듣고 자랐을 겁니다. 자식이 없어 맘 고생 심했던 어른인데, 어느 날 '여호와'라는 신의 '약속'을 덜컥 믿고 고향을 떠났다는, 사람들이 엉뚱하게 여겼을 그 이야기를 리브가는 흥미진진하게 듣고 마음에 두었을 것 같습니다. 그런데 지금 눈 앞에서 그 어른 소식을 들은 겁니다. 그것도 자기를 그 어른의 며느리 감으로 거론하고 있는 상황이지요. 리브가에게는 지금 이 상황이 여간 신기하지 않았을 겁니다. 대부분 결혼이 그 동네 안에서 성사되는데, 이리 먼 곳에서부터 찾아온 청혼에 대한 신비감이나 기대감도 있었겠지요.

리브가를 더 자극했던 건 아브라함의 종이 전해준 '이야기'였습니다. '이삭'의 베필로 정해 주신 여인이 '리브가' 라는 걸 어떻게 확신하게 되었는지, 그 모든 과정을 전하는 '이야기'가 너무 생생했고 구체적이었기 때문입니다. 아브라함의 종이 그 얘기만 했을 리 없을 터, 자기 주인이 하란을 떠나 어떤 삶을 살았는가로 시작하여 아브라함의 인생 우여곡절을 다 풀어냈을 것입니다. 물론, 리브가가 가장 관심 가질 이삭에 관한 이야기도 빠지지 않았겠지요. 그리고 그 긴 이야기의 핵심은 '아브라함'을 통해 성취된 하나님의 약속'이었을 겁니다. 24장에 나온 '이삭의 아내 찾기' 이야기가 두 번 되풀이된 것은 그 과정이 하나님의 섭리였다는 것을 강조하기 위한 것입니다. 그리고 이 '하나님의 섭리'가 리브가의 마음에 꽂혔다고 볼 수 있습니다.

어쨌거나, 아브라함의 종이 하나님께 아뢰었던 이모저모의 조건에 딱 맞는 여인이 바로 자기라니그야말로 '대박 사건' 입니다. 하나님께서 아브라함을 인도하셨듯이, 그의 종이 하란에 와서 자기를 만나게 한 것도 하나님의 섭리로 받아들였던 거지요. 리브가 생각에, 지금 마주하는 아브라함의 종은 하나님의 계시를 받아 찾아온 선지자처럼 보였을 겁니다. '당장 떠납시다' 하는 저 사람 말이 괜한 소리로 들리지 않았겠지요. 당장 이해할 수 없어도, 뭔가 깊은 뜻이나 그럴만한 이유가 있을 것이라 생각했을 겁니다. 리브가가 선뜻 따라나선 이유입니다.

사실 생면부지의 사람을 따라 낯선 땅으로 시집을 간다는 게 쉬운 일이 아닙니다. 낯선 땅은 그만두고 낯선 집안으로의 떠남 자체가 인생을 건 모험입니다. 리브가가 그걸 몰랐을 리 없습니다. 그럼에도 리브가는 과감한 결정/선택을 합니다.

이런 결정의 배경에는 아브라함의 종이 들려준 사연도 있었겠지만, 리브가의 성격도 한 몫 했을 겁니다. 리브가는 자기가 가진 생각을 행동으로 옮기는데 머뭇거림이 없는 사람이었습니다. 세월이 한참 지난 후의 일이긴 합니다만, 야곱 앞에서 남편을 속이는 장면에서도 리브가는 주저함이 없습니다. 모든 책임을 자기가 지겠다면서 일부터 저지르지요. 자기가 가진 확신을 좌고우면 하지 않고 실행에 옮기는 성격이라는 겁니다.

리브가는 아브라함의 종이 드려준 '이야기'를 마치 '계시'처럼 들었고, 그 판단을 따라 주저없이 결단을 내립니다. 리브가는 과단성 있는 여인이었습니다. 하나님은 이런 여인을 이삭의 배우자로 준비해 두신 것이지요. 어머니 잃은 지 삼 년, 어찌 보면 어미 품을 벗어나지 못해 마음을 잡지 못했을 이삭입니다. 그런 이삭이 '리브가'를 만나 위로를 얻었다는 성경 이야기 (24:67)에 고개가 끄덕여 집니다.

아브라함은 하나님과의 언약을 믿고 고향을 떠나 가나안 땅으로 갔습니다. 리브가도 아브라함의 종이 전해준 말 한 마디 듣고 하란을 떠나 가나안 땅으로 향합니다. 하나님과의 만남은 각각 다르겠지만, 아브라함과 리브가는 모두 하나님을 '믿음으로' 고향 땅을 떠난 것입니다. 물론 그렇게 첫발을 내디딘 믿음이 완전한 것은 아니었습니다. 그들이 '떠날 때 가졌던 믿음'은 '온전한 믿음'을 향한 출발점에 불과했습니다. 리브가의 생애가 자세히 기록되어 있지는 않지만, 이후 리브가는 아브라함과의 만남과 두 아들 사이에서 겪은 장자권 다툼을 통해서 하나님을 더 알게 되었을 겁니다. 아브라함이 그랬듯, 리브가 또한 인생의 우여곡절을 겪어가면서 하나님을 더 깊이 알아갔던 것입니다.

두 사람의 인생길은 달랐지만, 자기의 인생길에서 하나님이 누구신지를 알아가는 것은 다르지 않았습니다. 그리고 그건 누구라도 다르지 않을 겁니다. 우리는 다 그렇게 하나님을 알아 가고 있으며, 다 그렇게 믿음의 길을 가고 있습니다.

묵상과 적용을 위한 질문

1. 당신은 하나님의 뜻인 것을 확인하는 과정을 가진 적이 있습니까?

2. 일단 하나님의 뜻이라고 확인이 된 경우에 그 뜻에 순종하는 결단력을 가지고 있습니까?

 나만의 묵상 메모

오늘 묵상을 통해 주신 깨달음에 대해 직접 기록해 보세요.

저자와 함께 하는 한 줄 기도

주님, 제가 주님의 뜻을 확인하는 과정을 차분히 가질 수 있기를 원합니다. 그리고 일단 주님의 뜻인 것을 안 이상에는 과감한 결단력을 발휘할 수 있기를 원합니다. 부족해서 뒤뚱거리겠지만 주님의 은혜 가운데 계속 성장하기를 구합니다.

기·도·와·결·단

오늘 묵상한 말씀의 적용과 삶의 결단을 담아 자신의 기도를 적어 보세요.

_____

_____

_____

_____

Day 28

성경이 제공하는 프레임 안으로 들어가기

오늘의 본문

창세기 12:11,14 (NKRV)

¹¹그가 애굽에 가까이 이르렀을 때에 그의 아내 사래에게 말하되 내가 알기에 그대는 아리따운 여인이라 ¹⁴아브람이 애굽에 이르렀을 때에 애굽 사람들이 그 여인이 심히 아리따움을 보았고

저자 해설 및 묵상

아브라함의 인생길을 살피면서 그들을 이해하기 위해 우리가 넘어야 할 장애물이 있습니다. 성경을 읽다보면 이해하기 어려운 부분들이 있습니다. 특히 구약에는 그런 경우가 더 많이 나오지요. 그런 어려움이 생기는 이유는 문화적 차이가 크기 때문이라고 생각합니다. 그런데 문화적 차이라면, 좀 더 그 차이를 좁힐 수 있는 방안을 찾아보면 되겠지만, 어떤 것은 그것조차 쉽지 않아 보입니다. 왜냐하면, 그런 차이를 좁힐 자료가 충분하지 않기 때문이지요. 그래서 이런 경우, 그냥 그 차이를 그대로 두고, 결론을 보류해야 하기도 합

니다. 그러다 보면, 성경의 내용이 현실적이지 않다는 것 때문에 성경에 대한 신뢰감에 금이 가버려 우리 속에 '의심'의 그림자가 은근히 스며드는 경우가 생깁니다. 무엇인가 설득되지 않는 요소들이 있으면 말이지요. 그렇다고 모든 것을 다 명확하게 알 수도 없으면서 말입니다. 그만큼 우리 자신이 모순덩어리이지요. 하지만 그렇다고 성경에서 언급한 비현실적인 점들을 그냥 내버려 두는 것도 불편합니다.

그래서 이런 찜찜한 부분을 해결해 보려고 여러 시도를 해 보는 것도 의미가 있습니다. 고대 근동 자료에 접근하는 데 한계를 가진 대부분의 평신도는 성경의 텍스트 자체를 통해서 그 세계로 들어가 볼 수 있습니다. 물론 나중에 고대 근동 자료나 고고학적 자료를 통해 더 알 수 있다면, 지금 이렇게 시도해서 얻어낸 해석을 수정할 수도 있겠지만 말입니다. 그것 또한 거부할 필요가 없는 것이며, 오히려 더 나은 증거를 얻었으니 기뻐해야 할 겁니다. 그러나 현재 우리가 할 수 있는 한도 내에서 성경 텍스트를 들여다보려 합니다.

창세기 12장을 읽으면서 이해가 되지 않는 점은, 사라가 이집트 왕궁의 신하들의 눈에 아름답게 보여서 왕의 아내로 천거되어 왕궁으로 들어가는 장면입니다. 아마도 정실이 아니라, 여러 아내 중의 하나로 들어가는 것일 겁니다. 그런데 왕궁으로 들어가는 사라의 나이가 이해가 되질 않았습니다. 사라가 아브라함과 함께 하란을 떠났을 때가 65세였으니까요. 가나안에 도착하여 네겝 광야까지 이주했다가, 이집트로 들어갔을 때가 언제인지 성경은 명확하게 말하고 있지 않습니다. 하지만 그 이동 기간을 짧게 잡는다면 여전히 65세라고 해도 별반 문제가 없을 것 같네요.

그런데 문제가 되는 것은 어림잡아 65세의 여인을 이집트 왕에게 소개할 만큼 아름다운 여인으로 묘사했다는 겁니다. 예순다섯의 나이면 이 시대의 관점으로 볼 때, 매력적인 여인으로 왕의 아내로 선택받을 수 있기가 어려운 조건이지요. 소위 육체적 아름다움의 개념으로는 65세인 여인을 매력적이라고 묘사하는 경우가 매우 드물기 때문입니다.

게다가 성경에 나오는 고대 인물들의 수명이 수백 년이라는 것도 우리에게는 이해하기가 쉽지 않습니다. 그렇지만, 그러한 성경의 기록을 우리는 그대로 받아들이는 입장을 취하고 있지요. 그렇지 않으면, 우리가 성경에 접근하여 해석하는 길이 열리지 않기 때문입니다. 성경이 제시한 프레임을 받아들이고 그 프레임 안으로 들어가야 비로소 그 안의 상황을 이해할 수 있을 것입니다.

고대 근동 지역 사람들의 수명과 신체적 조건을 정확하게 파악할 수 있는 것이 쉽지는 않은 것 같습니다. 우리 대부분이 당시 사람들의 신체적 환경에 관한 과학적 연구 결과를 제대로 접해 보질 않았기 때문에 이 분야에 대하여 확고한 입장을 얘기할 형편은 아닙니다. 하지만, 앞에서 언급한 성경의 프레임을 기준으로 삼아서 추정을 해 볼 수는 있을 것 같습니다.

우선 아브라함과 사라의 나이 때 신체적 상태가 어떠했는지 추정을 해 봐야겠습니다. 창세기 17장에 보면, 아브라함이 99세 때 하나님께서 그에게 나타나셔서 그가 100세가 되는 해에 아이를 가지게 될 것이라는 말씀을 해 주십니다. 그러자 아브라함은 속으로 생각하기를 자기 아내 사래의 경수가 끊어진 지가 언젠데 아이를 가질 것이라는 건지 어처구니가 없어서 땅에 엎드린 채 웃었습니다. 사라에게 월경이 완전히 끊어졌으니, 이제는 아이를 낳을 수 있는 가능성이 전무하거든요. 그런데 이제야 나타나서는, 사라가 내년 이맘 때 아이를 갖게 될 것이라 하십니다. 아브라함은 하나님의 약속이 말이 되지도 않는 얘기라고 웃어버린 겁니다. 절대적으로 불가능한 일이기 때문이었지요.

아브라함이 그렇게 태도를 가졌던 게 무리가 아닌 것이, 사라의 생리가 멈췄다는 것은 임신이 안되는 나이가 되었다는 것을 알았기 때문입니다. 그런데 사라가 생리가 완전히 멈춘 나이가 89세였다는 것이 당시의 육체적 조건을 추정할 수 있는 단서가 됩니다. 그 당시의 여성들의 육체적 시간이 현대 여성의 육체적 시간과 다르다는 것을 알 수 있습니다.

여성의 생리가 단번에 완전히 끊어지는 것이 아닙니다. 어느 기간을 두고 서서히 끊어지는 것이 자연스럽지요. 그러니 사라가 80세 중반에 갱년기가 시작되어 80세 후반에 생리 작용이 완전히 멈췄다고 봐야할 겁니다. 아마도 하나님께서 아브라함과 사라를 찾아오셨을 때가 사라가 아이를 낳지 못할 신체적 변화가 있다고 결론을 내린 시점보다 후일 것입니다. 그러니 사라의 생리가 끊기기 시작한 나이를 80세 중반으로 봐도 무난할 겁니다.

이에 비해 현대 여성들은 갱년기를 경험하는 나이가 일반적으로 50세 전후입니다. 사라의 갱년기가 80세 중반인 반면에 현대 여성의 경우에는 50세 전후에 발생하지요. 다시 말해, 사라의 80세 중후반이 현대 여성의 50대 초반 전후로 볼 수 있을 것 같습니다. 그러면 사라가 65세였을 때를 지금 시대의 나이로 환산을 해 본다면 30대 중후반 혹은 40대 초반으로 추정할 수 있지 않을까요? 게다가 사라는 결혼을 했지만 아직 아이를 가져본 적이 없는 여인이잖습니까? 그렇다면 현대 여성 중에 아직 아이를 가져본 적이 없는 30대 후반 혹은 40대 초반의 여성이 당시 사라의 신체적 조건이라고 볼 수 있을 것 같습니다.

이런 추정이 가능하다고 볼 수 있는 것이, 30여년 전만 해도, 나이 65세면 말 그대로 할아버지 할머니였습니다. 그런데 지금 65세는 과거의 40대 장년의 신체와 다를 바 없습니다. 이렇게 추정을 해 본다면, 사라의 65세가 결코 많은 나이가 아니라고 추정할 수 있을 것 같네요. 이렇게 본다면, 사라가 65세 때 바로 왕 집안으로 불려간 것이 이상한 것이 아니라는 것을 알 수 있지요. 초경이 시작되어 결혼을 할 수 있는 아주 젊은 나이는 아니지만, 완숙한 여인으로서 매력을 가진 사라로 말입니다.

게다가 이것을 뒷받침해 주는 예가 있습니다. 창세기 20장에 보면, 이스마엘이 어머니 하갈과 함께 아브라함의 집에서 쫓겨나 광야로 내몰린 장면이 나옵니다. 그때 이스마엘의 나이가 약 열일곱 살 정도라고 추정합니다. 지금 나이 열일곱이면 건장한 체격에 엄마를 업고 다녀도 지치지 않을 만한 체력을 가지고 있습니다. 그런데 나이 열일곱의 이스마엘이 자기 엄마보다 더 지쳐서 그만 쓰러져 버린 장면이 나오지요. 물론 그동안 가깝게 지냈던 아버지를 뒤로하고 강제로 쫓겨났으니 그 심정이 말이 아니었겠지만, 그럼에도 그의 체력은 엄마보다는 강했을 겁니다. 현대 청소년들의 체력으로 감안한다면 말입니다. 그런데 그는 그렇질 못했습니다. 그래서 이스마엘의 체력 나이와 현 시대의 청소년의 체력 나이에는 차이가 있다고 추정할 수 있습니다. 사라의 경우와 마찬가지로.

또한 이삭의 경우도 그의 나이와 현 시대의 같은 나이의 체력과 체격에는 큰 차이가 있다는 것을 보여준다고 생각합니다. 이삭이 아버지와 모리아 산으로 제사를 지내러 갈 때, 이삭의 나이를 청소년으로 추정합니다. 그렇다면 100세를 훌쩍 넘긴 아브라함이 청소년기인 아들 이삭을 제물로 바치기 위하여 어떻게 이삭을 묶었을 지 의문이 생깁니다. 이삭이 아버지가 자기를 제물로 삼는 다는 것을 알고 묵묵히 묶였다고 하기에는 이삭의 믿음을 너무 과대평가하는 것 같습니다. 그 이후의 이삭의 영성이 그리 단단하지 않았다는 것을 알 수 있기 때문이지요. 그렇다면, 아브라함의 갑작스런 결박에 의해 이삭이 묶여졌다고 볼 수 있고, 그렇게 늙은 아버지에게 결박될 만큼 청소년 이삭의 신체적 나이는 지금보다 훨씬 어렸다고 추정할 수 있습니다.

물론 그 당시와 현 시대의 신체적 나이의 간격은 점점 좁혀지기는 했습니다. 하지만, 적어도 아브라함 시대의 신체적 나이와 현 시대의 신체적 나이의 간격을 염두에 둘 때, 사라가 왕의 아내로 불려가는 사건이 어느 정도 이해가 될 것이라 봅니다. 더군다나, 당시의 일부다처제가 가지는 경제-사회적 의미를 고려해야 합니다. 결혼을 통하여 여러 가문과 혈연 관계를 맺게 되면, 외부의 공격을 함께 대응할 수 있는 힘을 도모할 수 있게 됩니다.

창세기 20장에 보면, 아비멜렉 왕에게 다시 첩으로 넘겨지는 일이 벌어집니다. 그 시점이 바로 갱년기가 끝난 시점으로 보면, 사라는 40후반이나 50초반의 현대 여성의 신체조건을 가지고 있습니다. 더군다나 아직 아이를 낳아보지 않은 신체 조건을 가진 여성으로 말입니다. 이런 사안을 감안해서 그 사건을 읽어야 할 겁니다. 현 시대에 40후반이나 50초반의 결혼하지 않은 여성일 경우에 여전히 남자의 시선을 끄는 매력을 풍기는 경우도 충분히 있으니까요. 이런 점을 감안할 때, 사라의 경우를 비현실적인 것으로 취급할 이유가 없다는 겁니다.

또 한 가지, 이 자리에서 다루고 싶은 것은 '아름다움'의 기준입니다. 창세기 기자는 사라가 아름다웠다고 말합니다. 그러면 구약에서 말하는 아름다움의 기준은 무엇일까요? 그 아름다움은 현 시대에서 말하는 팔등신의 모델과 같은 호리호리한 여인을 말하는 걸까요?

'아름다움'의 기준은 시대마다, 문화마다 달랐다는 것을 알 수 있습니다. 예를 들어, 중세 시대 유럽의 여인들 초상화를 보면, 현 시대의 기준에서는 아름다운 여인들이 아닙니다. 비만이어서 살을 빼야 하는 여인들이지요. 그러나 그 당시에는 풍만한 여인으로서 그것을 아름다움이라고 여겼던 겁니다. 이렇게 아름다움의 기준은 시대마다 문화마다 다르다 할 수 있습니다.

파푸아뉴기니 원주민들의 아름다움의 기준 또한 현대의 아름다움과 차이가 있습니다. 그래서 결혼한 신부의 신부값을 정할 때도 우리가 가지고 있는 아름다움의 기준이 적용되지 않았습니다. 예를 들어, 메케오 부족에서는 여인의 덩치가 매우 커야 '아름다운 여인'

이라고 합니다. 그리고 아이를 많이 낳을 수 있어야 한답니다. 덩치가 커야 하는 이유는 힘이 세서 밭일을 잘 할 수 있기 때문이지요. 그리고 아이를 많이 낳을 수 있는 건강한 몸의 소유자여야 합니다. 그들의 문화 속에서는 이러한 여인이 아름다운 여인인 겁니다.

이삭의 아내였던 리브가 또한 힘이 매우 센 여인이었습니다. 아브람의 종이 먹을 물을 달라고 했을 때, 리브가는 그 종에게 물을 주었을 뿐 아니라, 낙타 열 마리가 충분히 마실 물을 주었다고 되어 있습니다. 보통 낙타 한 마리가 마시는 양이 보통 100리터라고 하니, 열 마리면 1톤의 물을 길었다는 얘기가 됩니다. 여인으로서 이렇게 많은 양의 물을 길어 낙타에게 줄 정도였으면, 리브가는 매우 힘이 센 여인이었을 겁니다.

또한 야곱의 아내 라헬도 힘센 여인이었을 가능성이 큽니다. 야곱이 하란에 있는 삼촌 라반의 집 가까이 이르렀을 때, 라반의 딸 라헬을 만납니다. 라헬은 다른 목동들과 함께 양치는 일을 하고 있었습니다. 당시 힘든 일 중의 하나였던 양치는 일을 라헬이 했던 것을 보면, 라헬 또한 건장한 여인이었음을 알 수 있습니다. 이런 라헬이 야곱의 눈에 쏙 들었다고 한 것을 보면, 당시의 아름다움의 기준이 지금의 기준과는 차이가 있다는 것을 어느 정도 짐작을 할 수 있을 것 같습니다.

이상은 창세기를 읽으면서 이해하기 어려운 장애물이었습니다. 아브라함의 이야기를 읽어가면서 소화하기가 어려웠던 부분이었습니다. 그래서 이것을 해결해 보기 위하여, 성경 텍스트에 나타나 있는 여러 정황을 살펴서 종합해 본 겁니다. 이런 접근을 통해 성경을

이해해 보려고 한 것에 대해 나름의 의미를 부여해 보았습니다. 언젠가 새로운 자료를 보게 되면, 새로운 관점으로 성경의 텍스트를 다룰 수 있을 겁니다. 배움은 언제나 새로우니까요.

묵상과 적용을 위한 질문

1. 당신이 성경을 읽으면서 당면한 문제들을 어떻게 해결했었는지요?

2. 이러한 해결책은 당신에게 성경을 읽는데 어떤 도움을 줄 수 있다고 보는가요?

나만의 묵상 메모

오늘 묵상을 통해 주신 깨달음에 대해 직접 기록해 보세요.

저자와 함께 하는 한 줄 기도

주님, 성경을 읽을 때 이해하기 어려운 점들이 발견될 때가 있습니다. 그럴 때마다 어렵다고 그냥 덮어놓게 마시고, 진지하게 찾아보는 자세를 갖기 원합니다.

기·도·와·결·단

오늘 묵상한 말씀의 적용과 삶의 결단을 담아 자신의 기도를 적어 보세요.

